性風俗のいびつな現場

裏面日本 風俗業界現場

坂爪真吾

陳令嫻 譯

序言

應召站的亡魂

性產業因為淨化作戰而淪為看不清模樣的「亡魂」四處飄蕩，各種災禍以看不見的形式獲得解放。然而，性產業雖然不透明，又或是正因為不透明而吸引了媒體矚目與大眾的關心。

消失的應召站

二〇〇三年六月一日正午，當時正是梅雨季，天氣又濕又悶。我穿過JR池袋站北口的人潮，走向北口附近蕭條的商店街——「和平街」上的某棟大樓，大樓裡有間名為「M」的應召站。

「M」的賣點是旗下小姐都沒有性工作經驗，主打校園情境風。大樓沒有裝設招牌，乍看之下就像是普通的住商混合大樓。走進狹小的電梯直達三樓，就會看到「M學園」的手寫招牌。

一走進應召站，一名男性員工立刻大喊：「一位『新生』入學！」聲音宏亮。看來，我這種初次造訪的尋芳客算是「新生」。來到名為「教職員辦公室」的等候區，映入眼簾的是會出現在小學教室裡的木頭製椅子，令人瞬間升起一股懷舊之情。

接下來，工作人員遞給我名為「成績單」的名簿，厚厚一大本貼滿了旗下小姐的照片。「成績單」裡刊登了小姐身穿制服的照片和「拿手科目（擅長的技巧）」、「棘手科目（討厭的技巧）」、星座、三圍與店家的推薦評語，最後還蓋上令人懷念、小學常見的「好寶寶」印章。非常講究每一個細節。

「教職員辦公室」裡掛了一個黑板，其上用粉筆寫上各類服務及說明，還有小姐的「成績表（指名排行榜）」，並貼上大量小姐扮裝的照片。令人吃驚的是，光是西裝式制服外套的扮相就有五種款式。我選擇了六十分鐘日幣一萬四千元的「戀人課程」。小姐穿著泳裝，房間選擇體育器材室，故事設定是「老師和女學生上完游泳課之後，在體育器材室乾柴遇上烈火，譜出禁忌之愛」。

過了一會兒，男性員工對我說：「老師，請進！」看來，應召站的基本設定是：剛上門的客人叫「新生」，成交之後改叫「老師」。在走向體育器材室的路上還貼了「禁止在走廊上奔跑！」的警告標語，這些細節講究到令人莞爾一笑。

走進體育器材室，一位長髮即肩的嬌小女子已經換上泳裝等著我。她名叫奈奈子（二十歲），是傳統的日本美女。根據工作人員的說明，她很擅長營造氣氛，適合扮演戀人。她腳上還穿著運動鞋，並用簽字筆在上面寫著「奈奈子」字樣。

在體育器材室裡，用體育課常用的體操墊取代床墊；後方是五層跳箱與收納器材的置物櫃；籃球、劍道用的竹刀和網球拍斜倚在跳箱和置物櫃上。房間大小約兩坪多。

在宣布「服務開始」的計時器響起之前，我告訴奈奈子今天我不是以「尋芳客」的身分上門，而是為了大學的研究指導會前來調查。當時我就讀大學三年級，參加社會學的研究指導會研究性產業，所以要前往池袋、澀谷和新宿歌舞伎町等的性產業商家採訪。

好險！奈奈子對我的研究主題很有興趣，也提供我許多有意義的資訊。

其實她也是大學生，是瞞著身邊的人從事性工作的。只是為了大學的研究指導會提到性產業等相關話題及提問時，她總是差一點在我們的討論時說出真心話，這點讓她很頭痛。她雖然很擔心我研究性產業的題目會挨教授罵，不過接受完採訪之後對我的研究卻產生極大的興趣，還很想親自參加研究指導會一起討論。

六十分鐘之後，我在奈奈子的目送下離開裝潢成體育器材室的房間。我離開應召站的時間是下午一點二十分，和平街依舊下著梅雨。

我採訪時是二〇〇三年，正是日本應召站發展的全盛期。像「M」般重現校園生活的情境店、重現電車情景的假扮色狼店、小姐打扮成動畫或電玩角色的角色裝扮（cosplay）店等等，幾乎天天門庭若市。有些大型應召站甚至將大樓的地下一樓到五樓全部打通，改造為性交易用的房間。

一九九〇年代到二〇〇〇年代初期，是日本性產業的黃金時代，充滿玩心、創意和熱情。當時出版了許多性產業資訊雜誌和徵才雜誌，網路資訊也同時爆增。無論是透過媒體或論壇，社會學家、性別研究家、女性主義者和寫手等都紛紛熱烈討論性產業、援助交際和賣春合法化等議題的是非好壞，也出版許多相關的報導文學與書籍。

簡單來說，當時是性交易和討論性產業本身「很有趣」的時代。我受到性產業的吸引，也是因為性產業的「文化」既有趣又充滿深度，以及在如此黃金時代所醞釀而出的熱情。

之後時光飛逝、歲月如梭，距離我在池袋採訪奈奈子轉眼間已過了十二個年頭。當年包括「M」等，我採訪過的性產業商家都已經消失無蹤。這是因為，政府執行取締店面型性產業商家（譯註：性交易所需的床與沖澡間等設備充足，而且在店裡進行性交易的性產業類型，包括應召站與泡泡浴店等等）的「淨化作戰」。

「淨化作戰」

我進入研究指導會研究性產業的隔年，也就是二〇〇四年，東京都警視廳（譯註：類似臺北市警察局）與警察廳（譯註：類似臺灣的警政署）攜手合作，執行「紅燈區」的「淨化作戰」，未向警方報備的違法店面型性產業商家幾乎全滅。歌舞伎町、橫濱黃金町與琦玉西川口等知名紅燈區，一一遭受到取締。淨化作戰之後，許多應召站改為「外送型應召站」，不豎立招牌，只在網路上宣傳、打廣告，一般社會大眾很難發現它們的存在。

沒有用來當作性交易房間的應召站，改為指派旗下應召小姐前往愛情賓館或尋芳客家中進行交易，不再投資建設性交易所需的房間等設備，服務方面也不再另下工夫。店家與尋芳客都失去玩心與餘力。而無論是誰都能在網路上免費瀏覽店家的資訊、應召小姐的照片與尋芳客的事後評論，導致紙本的性產業資訊雜誌大多數都被迫休刊。

指導尋芳客如何享受性服務的資訊雜誌停刊後，尋芳客失去學習「有品味地」享受性服務的機會，淪落到只重視低價、誇張等明白易懂的服務。以往的性產業具備「文化層面」，使尋芳客忘了在店面型應召站接受服務之前的緊張與服務結束後的空虛。然而，現今的性產業已經失去這種緩衝。

由於大環境的改變與媒體消失，許多性產業寫手因而擱筆；原本熱情討論性產業的社會學家與性別研究家也陷入沉默。以往為性產業鍍金的「文化」，其剝落的結果是直接讓性產業露出真面目。

現今社會可說是「應召站業界死後的世界」。政府打開了應召站店面這個「潘朵拉的盒子」，導致應召站化身為沒有店面、看不見面貌的「亡魂」，在紅燈區的巷子裡浮游離散，然後潛入與融化在大眾看不見的縫隙中。

與此同時，原本封閉於店鋪裡的各種「災禍」——性工作者所面臨的風險、汙名化、副作用與後遺症等等，都以肉眼不可見的形式一口氣釋放出來。

性產業因為淨化作戰而淪為看不清模樣的「亡魂」四處飄蕩，各種災禍以看不見的形式獲得解放。然而，性產業雖然不透明，又或是正因為不透明而吸引了媒體矚目與大眾的關心。

重新整理這十多年來媒體與社會大眾對於性產業的疑問，可以彙整成以下三點：

第一點：「業界的現況究竟如何？」

第二點：「現況背後隱藏了哪些社會問題？」

第三點：「這些社會問題該如何解決？」

過去出版的多數性產業相關書籍，多半以報導現場、採訪女性或是記錄的形式回答第一點就作結。作者傾力描述業界所發生的真實情況，卻無力回覆第二點——解釋情況，並分析情況背後隱含的社會問題。

另一方面，批評性產業的作者不回答第一點，而是集中砲火於第三點。這群人並未徹底掌握（或是廣爲傳播刻意曲解的）業界內所發生的真實情況，只是反覆主張應該撲滅或是強化性產業相關規範，完全提不出有效的解決辦法。

本書是第一本挑戰完整回覆以上三點的書。

前半部分的第一章到第四章：聚焦在性產業中的單親媽媽、孕婦、產婦、殘障人士與中高齡婦女等等弱勢族群。剝去明顯易懂的標籤，仔細觀察實際性產業的機制與矛盾，回答第一點和第二點。前半部分的各章與以往性產業相關書籍相同，都屬於現場實況報導。

後半部分的第五章到最後一章：則是跨越以往的報導文學與刻板批評，嘗試提出具體的實行辦法以回覆第三點，而非光紙上談兵。

雖然性產業難以為人所見，但本書最後提出的解答，正是「潘朵拉的盒子」裡殘留的希望之光，相信必定能照亮這個世界的黑暗。

注①：本書提及的「性產業（原文爲「風俗」）」是日本法律規定為「性風俗關聯特殊營業」的行業（包括泡泡浴店、應召站、脫衣舞劇場、愛情賓館、情趣用品店、色情影片網站等等），而非「包括夜總會、俱樂部、柏青哥等的風俗營業（類似臺灣的八大行業）」。為了方便起見，本書以「性產業」代稱「性風俗關聯特殊營業」。

注②：書中出現的性工作者、應召站老闆與尋芳客等相關人士，皆以假名介紹，藉以保護隱私權（不包括專家與非營利組織等相關人士之公布眞實姓名者）。

CONTENT

第二章

第三章

第一章

外送型應召站

領取低收入補助的身障老闆，怎麼找願意脫的女生？

像A這種從未進入過應召站的門外漢要經營外送型應召站時，一開始最大的難關就是「如何招募應召小姐」。除了自行徵才之外，另一個方法是在介紹高收入工作的徵才網站刊登廣告。但是，地方縣市的應召站往往投資日幣數十萬元卻沒收到半份履歷。

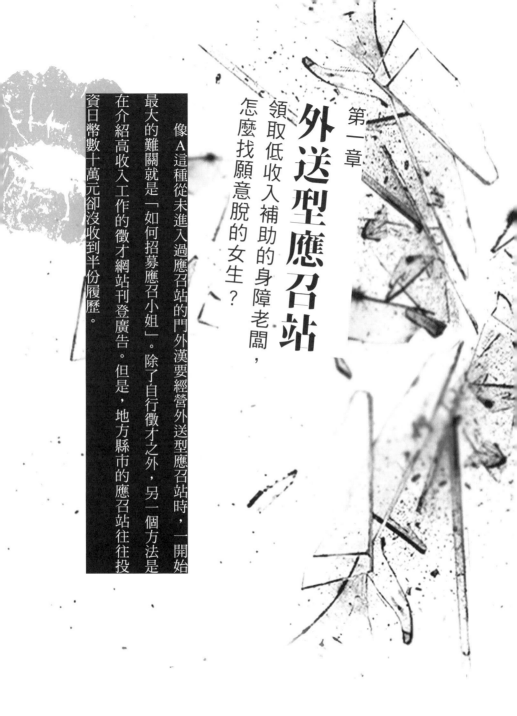

我前往位於北陸地方縣市T市近郊的「地域生活支援中心」（譯註：類似臺灣的「身心障礙福利服務中心」）時，遇到該名男子。「地域生活支援中心」是一種社福機構，專門援助因為身心障礙而難以工作的殘障人士白天時的生活。在小雨紛紛的寒冷晚秋時分，我受人之託，前往該中心演講有關殘障人士的性問題。

演講結束之後，其中一名接受中心援助的男子（以下稱「A」）來找我聊天，他對於我因為研究性產業而成立非營利組織以解決殘障人士性問題一事非常感興趣。

A四十多歲，因為糖尿病而產生視力障礙，會固定來中心接受援助。他的個子高大，穿著質感不錯的皮外套，手上戴著銀戒子，乍看之下根本不會發現他原來是位殘障人士。

仔細了解A的經驗才知道，他曾經在郊外的自己家中經營了五年「外送型應召站」。

外送型應召站是接到尋芳客委託後，隨即派遣應召小姐到賓館或客人家中，提供非插入性性行為（即女性全裸，只以手或口引導男性射精）的服務。第一家店從二〇〇八年經營到二〇一二年，約四年；第二家店是在第一家店關門後經營至今約半年。我對於「殘障」與「性產業」這兩者，居然會在意想不到的地方有所關聯十分感興趣，於是請A告訴我，從開設外送型應召站到現在經營的經過。

身體殘障，卻選擇開應召站的理由

A本來是開長途的大卡車司機，也開過計程車。後來因為視力障礙而無法勝任司機的工作，於是開始尋找「即使身體殘障也做得來又不需要任何資金的工作」、「不需要證照或專業知識的工作」。最後想到開設應召站。

於是，他向當地的警察局提出開設應召站的報備文件，把父親名下自家住宅的房產設為應召站辦公室，休息室也是利用家裡的一個房間。

大家或許會懷疑，「開設應召站就這麼簡單嗎？」「應該需要高額的創業資金吧？」其實，外送型應召站只需要把自己的家裡設為辦公室，用自己的手機當作辦公室電話，向警方遞交報備文件，並繳交日幣幾千元的手續費。任何人只要具備上述文件及程序，誰都可以隨時隨地開設應召站。

一九九八年，《風俗營業等規則與業務適當化相關法》經過修法，外送型應召站成為合法產業。合法加上開業手續簡單、初期投資費用低廉等因素，參與開設外送型應召站的個人與法人都如同雨後春筍般快速增加。到了二〇一三年，全日本提出報備申請的外送型應召站大約有一萬八千家，和7—11門市的數量相當。

一般人通常以為性產業是「背後有黑道控制的世界」。然而，自從外送型應召站成為性產業的主流之後，也開始成為正統行業——例如，想擺脫朝九晚五的上班族或是大學畢業生跳槽、創業——的選項之一。

順帶一提，A本身在開設外送型應召站之前從未光顧過應召站。A開業時的工作人員一共兩人。由A負責架設網站和接聽電話；另一名工作人員是馬伕，負責接送小姐。而經營應召站所需的知識則是由「做中學」得來的。

怎麼找「願意脫的女生」？

經營應召站的第一步是招募旗下應召小姐。A為了找到願意來應召站上班的小姐，於是隨機在交友網站、GREE或夢寶谷等社群網站；M-COMU等電子布告欄發掘人才。原本他以為交友網站上有許多自行賣春的女性，應該比較不介意裸體接客。沒想到，他發現賣春和應召站看似相同，其實從事的女性年齡層與產業文化卻不同。部分應召站店長會去便利商店門口積極搭訕、招募女性，但這種事情他做不來。

像A這種從未進入過應召站的門外漢要經營外送型應召站時，一開始最大的難關就是「如何招募應召小姐」。有許多像A這種原本是性產業的門外漢，並未與經紀公司合作或是不具備掮客等地下徵人管道，只能和A一樣，透過個人人脈、在街頭或交友網站搭訕，自行努力地尋找合適的女性。然而，近來相關法規越來越嚴格，掮客無法站在街頭搭訕、挖掘人才，導致掮客也得到交友或社群網站尋找人才，因此市場競爭就更激烈了。

除了自行徵才之外，另一個方法是在介紹高收入工作的徵才網站刊登廣告。但是，地方縣市的應召站往往投資日幣數十萬元卻沒收到半份履歷。都市裡的應召站通常是因為門可羅雀而關門；鄉下地方的應召站卻是因為旗下小姐不足而關門。

我曾經聽說某個人口稀少的山區想要招商，於是邀請大企業前來建設工廠。一位應召站老闆看準該工廠男性員工的需求，於是從城裡帶來小姐開設應召站。開幕之後，電話日日夜夜響個不停，每天晚上都有好幾輛接送小姐的車子來回奔波，營業額也創下佳績。但是，該名老闆無法長期掌握願意來山區工作的都市女性，最後因為小姐供不應求，不得不結束營業，並連夜打包離開。

A除了在交友網站上尋找合適的女性，同時也在自行架設的網站上徵才，還幸運地招募到一定人數的小姐。

他在面試時並不太要求小姐的年齡與外貌，錄取時會請對方簽訂合約，內容包括就業規則與其他規定等等。錄取後並未舉辦研習，僅口頭說明外送應召的服務流程與禮儀。A經營的應召站旗下小姐多半在其他應召站工作過，所以研習本身也並無必要。

外送型應召站經常會出現同一位應召小姐遊走當地多家應召站的情況。當應召小姐剛進入應召站工作時，會因為「新人」身分而獲得許多「指名」

機會；等到新人時期過了，指名次數就會減少。在新人期間無法培養出「回頭客」的小姐之後幾乎賺不到錢，於是就會跳槽到下一家店，再次以「新人」身分出現。

A表示，性產業有所謂的「應召站世界」，即同一群小姐、老闆與尋芳客不定期地跳槽、重新開店與更換消費者的應召站，在業界中重複循環。如果在「應召站世界」裡是同一群小姐在循環，就的確不需要舉辦研習。

A旗下的小姐人數平均十到十二人，年齡橫跨十八到五十多歲，主要集中於二十到三十多歲。她們的學歷高低各異，有人高中中輟，也有人畢業於當地的國立大學。有些小姐來自外地，來應召站工作的理由是「不想在家鄉從事性工作」。兼差者比專職者多，比例大約是三比七。會來應召站的兼差者主要是從事平常可以排休的服務業，也有人是在外送型應召站工作的同時尋找一般工作，只要應徵上正式工作後就辭職。

一般人難以接觸性工作者的原因，大部分在於應召的小姐多半都是兼差。比起一星期工作六天、每天從開門工作到關門的專職應召小姐，平常是學生或粉領族，一星期只來應召站一天，因為「是不習慣性工作的素人」或「偶爾才上工」，反而更受尋芳客歡迎。

店裡的休息室（A住家的其中一個房間）在營業日大多只有六到七位小姐待命。她們其實也可以在家中待命，這就是所謂的「假出勤」——即明明沒來應召站，卻在網站上標示本日出勤。越是這種時候，反而越容易接到尋芳客指名。小姐待命的時間沒有薪水，不過會支付到應召站的交通費。出發地點較遠的小姐，還能領取巴士車票或汽車油錢。

應召站裡的人際關係相處的還算不錯，氣氛溫暖融洽。男性員工還會和旗下的小姐一起去溫泉旅行、烤肉和賞花等等。在外送型應召站工作的女性雖然長相可愛，但大多個性奇特。例如，喜歡獨自行動、不交女性朋友、只跟男性朋友往來等等。有人甚至帶親手做的便當到休息室，打算吸引身為老闆的A。A也曾經遇過應召小姐向他告白，但因為不是他喜歡的類型而拒絕。

A錄取許多應召小姐之後發現「想賺大錢的人做不久」。原本外送型應召站的收入就不高，頂多是零用錢的程度（薪資情況會在後面的章節中詳述）。在A的應召小姐當中有二、三人沉迷於牛郎，但牛郎介紹來應徵的應召小姐多半待不久。原本在泡泡浴店（譯註：日本唯一可以合法提供全套服務的性交易）工作的小姐也是一樣。基本上，酒店小姐是看不起外送型應召站的小姐的，而外送型應召站與泡泡浴店的小姐則看不起彼此。

A旗下小姐的婚姻狀況以單身居多，單親媽媽不過二到三人。相較於都市裡的應召站，單親媽媽的比率較低，或許是因為住在地方縣市的女性離婚後大部分會回到娘家住，還不至於陷入經濟困窘狀態的緣故。

選擇「不進化」的外送型應召站

A的應召站基本上不接受預約，只接受當天電話聯絡，電子郵件僅限常客使用。A表示：「男性的性慾都是在出差或黃湯下肚時突然湧現。」另一方面，事前預約必須背負當天聯絡不到尋芳客、遭到取消或被放鴿子的風險。

採用全套網路預約系統就能大幅削減聯絡業務與成本，連休息室都不用準備。而且，只要說明使用規範與服務內容，並確認、調整外送路線以及使用時間等，全都能事先執行，藉以減少服務過程中發生問題或是接送時遲到、發生車禍等情況。但大多數的外送型應召站還是選擇毫無效率又傳統的管理方式：召集旗下小姐在特定的地點集合、待命，接受當天電話聯絡、當天派遣小姐接客。

外送型應召站之所以無法轉換為完全預約制，在於堅守男性的性慾無法事先「預約」的刻板印象，以及無法消弭對於尋芳客不會臨時放鴿子的懷疑。應召站希望尋芳客人人身分可信，會溫柔地對待應召小姐。但外送型應召站沒有店面，無法事先和客人見面，好確認其是否值得信賴。

不僅如此，性產業本身也是缺乏社會大眾信賴的產業，很難要求尋芳客先提出身分證明。如果規定註冊會員時必須先提出證明身分的文件，許多男性恐怕會擔心個人資料外洩或被應召站濫用而選擇放棄。但是，沒了這一道事先確認所有尋芳客身分的程序，一定會遇到對應召小姐施暴或是偷拍的客人。因此，尋芳客的來電號碼就成為外送型應召站確認其身分的唯一方法。

幾乎所有應召站都會徹底確認客人的電話號碼，拒絕來自不顯示號碼的電話、公共電話與電子郵件的預約。有些應召站甚至會直接把電話號碼設定為尋芳客的會員編號，並輸入系統，以便統一管理。

至於無法採用完全預約制的另一個原因則是，應召小姐經常因為身心狀況（生理期或憂鬱症等等）而遲到、當天突然請假或是翹班，這些狀況都無法事先排入班表。A表示：「但是從其他縣市來工作的女性，因為會在T市待上幾天，所以比較容易排班。」

誰會叫小姐？

T市距離市中心車站約五分鐘車程處是個湖濱地區，此處的愛情賓館林立，其中也有地方縣市經常可看到的摩鐵（Moter），可以直接把車子開進賓館裡。

不少愛情賓館為了配合外送型應召站的服務，設定休息時間為兩小時。A表示：「上賓館的尋芳客和應召小姐或許比情侶還多。」這點可從停在愛情賓館前的旅行車一看就知道，那些就是接送外送型應召站小姐的「應召站旅行車」。

一般的交易模式是，T市的尋芳客會在湖濱附近的電子遊戲場停車場和應召小姐會合，然後載著應召小姐一起前往愛情賓館。尋芳客的車子在前，A也會開著店裡的車尾隨其後。A會確定兩人都進入賓館，同時記錄尋芳客的車牌號碼。

尋芳客的年齡通常以四十多歲居多，印象中大多數人都經濟寬裕。除此之外，也有高齡者和殘障人士，學生很少。最年輕的客人大約二十一歲。

偶爾會出現癖好比較特殊的客人。例如，有一位尋芳客特別喜歡在房間角落接受服務，而被應召小姐取了個「角落先生」的綽號。當A知道對方在其他應召站也擁有一樣的綽號時不禁大笑。

通常要求送應召小姐到賓館的比例為九成，幾乎沒有人叫小姐到家裡。部分商務旅館拒絕應召站小姐進入，因此，不確定客人要求的旅館能否派遣小姐時，A會使用一點小技巧，即假裝成尋芳客打電話到大型應召站，詢問外送型應召站的小姐是否能進入該旅館，再轉而告知客人結果。如果旅館櫃臺和電梯之間有段距離的話，也大多不會有問題；當地的知名旅館大約也都進得去。但要切記，主打價格低廉的連鎖旅館，大多不允許應召小姐進入。

關於性服務的衛生安全管理，會請尋芳客在接受服務之前務必要先和應召小姐一起洗澡。部分男性會以浪費時間為由事先洗澡。但客人自行沐浴可能無法達到應召站要求的清潔標準，因此規定客人務必要和應召小姐一起洗澡。曾經有一位農家子弟詢問：是否可以在收納農具的小屋裡進行交易、服務，卻因為屋裡沒有沐浴設備而被拒絕了。

T市的客人大多熟悉冶遊之道，對待應召小姐也很溫柔。曾經有一位客人是公司的董事，膽子大到租下日租套房當作他的「應召站專用房」，中午用餐時間就要叫小姐去幫他服務。而部分住在郊外或鄉下農家的中高齡男性則不懂得如何尋花問柳，會強迫應召小姐做出她們討厭的行為。

外送型應召站最常遇到的麻煩是：尋芳客強迫應召小姐做「全套」，也就是日本法律禁止的「性器接合性行為」。A旗下的應召小姐雖然遇過客人這麼要求，客人卻不會強迫。大部分的尋芳客儘管會開口詢問小姐是否願意做全套，但只要一聽到小姐拒絕就會很乾脆地放棄，不再堅持。

應召站生意最好的時間是平日傍晚五點到晚上八點，許多尋芳客下班後會先和應召小姐上一趟賓館再回家。星期六一整天都會有人來預約；星期天則是中午比較忙，晚上比較清閒。在地域上，當地人和因公出差的客人比率是九比一，有些同業還會針對因公出差的客人打廣告。

地方縣市也得削價競爭

A每個月支付日幣三萬元的廣告費，在大型或區域性的性產業資訊網站刊登廣告，這種做法在當時就能賺取足夠的利潤。大公司C社提供免費拍攝刊登於網站的宣傳照等各類服務，售後服務也十分良好，甚至備有專用的網頁。雖然A和其他應召站並無橫向聯繫，不過A表示：「如果有類似個人經營的應召站所組成的互助會，彼此可以支援應召小姐的話，或許我也會想參加。」

儘管如此，從其他應召站跳槽而來的小姐口中，A還是可以得知業界動態和小道消息。例如，「哪一家據說是其他縣市的老闆來投資的」、「哪幾家店據說和黑道有關係」、「哪間人妻店和廉價店，據說是同一個老闆開的」、「哪間應召站的店長毫不在意外界眼光，去哪裡都敢搭訕女生，並說服她們去應召店上班」、「哪家店的老闆好像是做土木建築的工作，應召站是開來玩玩的，不賺錢也沒關係」。

當時還曾經謠傳，當地的大型外送型應召站買下湖濱的愛情賓館作為應召小姐的休息室。而沒有店面的外送型應召站與旅館、日租套房等等的合作，在法律上是屬於違法的「偽裝店面型」，會遭到警方取締。依照目前的法律條文，基本上，日本無論全國任何一個地方都無法推出新的店面型應召站。

然而，從商業角度考量，相較於外送型應召站，店面型的應召站可不用另外花時間接送小姐，可以省去交通費、提升利潤。從安全角度考量，外送型應召站沒有性交易的房間，應召小姐必須和初次見面的客人在賓館的密室單獨相處。店面型應召站的門後有男性員工不時經過，發生問題時也能立即趕到、解決，比起外送型應召站對應召小姐來說安全得多。因此，當外送型應召站的營業額無法繼續成長、經營陷入困境時，便有可能為了提升營業額而改為違法的「偽裝店面型」個人或大型連鎖應召站，生意也因此絡繹不絕。

最近T市也出現名為「人妻型」、「特急型」的廉價人妻外送型應召站，賣點是由三十到四十多歲的應召小姐提供誇張的服務。三十三分鐘只需要日幣三千二百元，六十分鐘只需要日幣六千五百元，遠低於目前應召站的行情。這種削價也讓市場競爭益發激烈。而藉由增加全國連鎖店和加盟店以擴張規模的外送型應召站，稱為「大應召站」，這是以反覆吸收與合併各地區一人老闆的應召站，然後日漸壯大的。

幾年前，T市的應召站業界也制定了價格協議。當地的廣告公司與應召站合作，統一規定最低應召價格是「六十分鐘日幣一萬四千元以上」，並排除定價低於一萬四千元的店家（性產業資訊網站也拒絕刊登其廣告）。全國大型性產業資訊網站的影響力與日俱增，外縣市投資的加盟店和廉價應召站紛紛進軍T市。之後，部分當地的應召站率先違反價格協議，價格協議最後完全流於形式，因此也正式進入無視利潤的「削價競爭」時代。

除此之外，A表示，T市的外送型應召站八成以上都提供全套服務。有些應召小姐以「比起半套，全套比較輕鬆」為由免費做全套。全套流行的理由並非只是老闆想增加營業額或是尋芳客的慾望，還包括應召小姐想輕鬆賺錢，不想花時間和力氣口交，或是用大腿內側摩擦客人性器的「素股」服務。

T市的外送型應召站行情，在二〇一五年為六十分鐘日幣一萬三到一萬四千元左右。A表示，T市「賣春」（個人在交友網站上賣春）的行情，為日幣一萬到一萬五千元左右；東京都與鄰近縣市一帶的價格為應召一次日幣二萬元，賓館費用另計。相較之下，T市較為便宜。另一方面，T市的泡泡浴行情是日幣一萬六千元到二萬五千元左右，不會超過三萬。地方縣市的個人賣春、外送型應召站和泡泡浴的價差逐漸消失，這或許是因為，全套服務在當地的外送型應召站已逐漸成為常態。

結束營業的理由

A經營外送型應召站的四年半間從未發生過嚴重的問題。他表示：「經營外送型應召站出乎意料地安全。」警方原本表示，每三年會實際造訪調查，結果一次也沒來。經營外送型應召站並未發生如同連續劇般的故事，而是重複波濤不興的日子：應召小姐今天如常地褪去衣物，尋芳客今天也如常地射精。在如此鬆散的現實生活下，不至於面臨不幸或是陷入高風險的境地，但也不到非常幸運或毫無風險。

外送型應召站一年的客人人數為六百到七百人，一天平均五到六人。扣除應召小姐的薪資與廣告費等費用支出，A每個月可賺取約日幣十五萬元左右。而A放棄經營外送型應召站的理由是：因為人手不足。店開久了，卻慢慢找不到應召小姐來上班。他心想：換個店名又會有新的應召小姐上門來應徵吧！沒想到，換了店名重新開張還是失敗。

如同前文所述，地方縣市的性工作者往往會遊走於各家應召站之間。在人口少的地方縣市，從事外送型應召站性工作的女性「遊走」一輪當地的應召站後，幾乎就不會收到其他徵才資訊了。不僅是店家與小姐的關係如此，小姐與客人的關係也是如此。例如，某個地方縣市的美女進入外送型應召站工作後大受歡迎，幾乎所有當地的尋芳客都曾經指名她。然而，她在新人期間並未吸引到任何「回頭客」，導致她在當地的職業生涯只短短半年便告終。

另外，還有小姐進入當地的外送型應召站工作後生意太好，結果每次出門都會在路上遇到曾光顧她的客人，最後只好搬家的例子。可見，在人口有限的地方縣市長期從事應召站的工作，對於應召小姐或是老闆都是十分困難的。我詢問A，今後是否還有意願再次經營外送型應召站？他表示：「T市的外送型應召站數量雖然減少，尋芳客的數目卻似乎並未隨之減少。找得到小姐應該就能夠順利經營，只是我不想再做了。」

不會有「標準答案」

A開設外送型應召站的創業體驗到此結束。

一般人往往以為性產業是「女性販賣自己的裸體給男性」，其實正確的說法應是——「男性（老闆）向男性（尋芳客）販賣女性的裸體」。換句話說，即買方跟賣方都是男性。儘管如此，一般分析性產業時卻往往忽略男性。

相信大多數的讀者都讀過女性性工作者的訪談或報導文學，卻幾乎沒看過有人採訪尋芳客或是應召站的男性員工吧！了解了A在地方縣市獨自經營外送型應召站的體驗，人們或許會想：「性產業原來賺得這麼少」、「男老闆也很辛苦」。

雖然這個發現了無新意，不過性產業的從業員並非只有女性，也不是能以「善惡、好壞」的二元論切割、評斷的單純世界。它映入我們眼簾的情況會隨著個人觀看的角度、性別與立場而迥然不同、複雜多樣。

從A的體驗可以發現這個世界的另一個面向：A本身是位殘障人士，他在經營應召站的同時持續領取低收入戶救濟津貼。據說當地市公所的生活保障課曾對A表示：「如果經營應召站能讓你經濟獨立，我們並不反對。」

對於性產業抱持古老印象，認為「性產業是違反社會價值觀的產業，所以才賺得到錢」的人，可能完全沒想過，世界上也有「身體殘障的男性一邊領取低收入戶救濟津貼，一邊經營應召站」的情況。

對於領取低收入戶救濟津貼、同時經營應召站一事，A則淡然地表示：「是打發時間的好工作。」「經營應召站或許可以說是對殘障人士的就業援助。」就連性產業的老闆都必須仰賴低收入戶救濟津貼才能過活一事，和領取低收入戶救濟津貼、接受殘障福利服務的殘障人士，還是必須為了生活而踏入性產業一事，這些又隱含了什麼意義呢？

為了尋找這兩個問題的答案，下一章將從北陸的縣市近郊轉移到位於東京的紅燈區「澀谷圓山町」，更進一步地剖析性產業。

第二章

孕婦與哺乳媽媽應召站

這樣的應召站，居然會是夢幻職場？

「『妙而舒』和『滿意寶寶』最好用。我試過各種尿布後，現在固定用這兩個牌子。」

一個二月底的星期五，晚上七點，我結束擔任某縣「社會福祉協議會」（譯註：推動地區福利的民間組織，受到社會福祉法規範，以朝野合作的形式營運）舉辦「殘障人士的性」的研習講師工作。我走在寒風刺骨的澀谷街頭，穿過人群前往道玄坂準備去採訪。澀谷本來人就多，當時又是星期五晚上，下了班的上班族與學生摩肩擦踵，把道玄坂擠得水洩不通。我抱著塞滿研習資料的小行李箱，幾乎無法直線前進。

此時居酒屋和餐廳等餐飲業開始營業，這也正是酒店和應召站等聲色場所生意最好的時刻。然而，我接下來要採訪的「旅館型應召站」（沒有房間提供性服務的應召站。尋芳客在聯絡處挑選小姐，再前往指定的旅館接受服務）卻已經結束營業。這家應召站雖然位於東京都內首屈一指的鬧區中心，營業時間卻是從早上十點半到傍晚五點，最晚六點就會關門。工作時間正常的一點也不符合鬧區的形象。

我經過位於百軒店的脫衣舞劇場，走進住商混合的紅磚大樓，爬上狹窄的樓梯，進入應召站的聯絡處。依據《風俗營業等規則與業務適當化相關法》規定，應召站不得懸掛標示店名的招牌或標幟，門上只張貼了「未滿十八歲者不得進入」的標誌。不知情的人看了還以為是什麼辦公室之類的。

「『妙而舒』和『滿意寶寶』最好用。我試過各種尿布後，現在固定用這兩個牌子。」

微笑著告訴我這個訊息的是一名光頭的應召站店長，而非育兒中的母親或是教保員。實在很難相信這句話會出自一位六十四歲的男性口中。這家應召站的休息室兼托兒所，準備的尿布不僅尺寸齊全，每個尺寸還分別準備了黏貼型和褲型。不僅如此，還備有「新生兒用」的尿布。因為這家應召站的性工作者，包括剛生產完就帶著小嬰兒來工作的媽媽。

這家應召站是「孕婦與哺乳媽媽應召站」，主打由懷孕中的女性——「孕婦媽媽」和剛生完沒多久、有奶水的女性——「哺乳媽媽」所提供的服務。旗下應召小姐產前產後的照片，都以裸露上半身的方式呈現。突顯膨脹的腹部、胸部以及黑色碩大的乳暈，證明這些應召小姐都正處於孕期或哺乳期。負責產後照護的婦產科醫師、助產師和非營利組織的工作人員，當他們看到應召站網頁所刊登的照片，恐怕會當場暈倒。

店長表示，孕婦是等到進入穩定期的五到六個月才開始工作，因此，實際能以孕婦身分接客的時間僅三到四個月。孕婦基本上是在家待命的，以策安全，接到有客人預約時才會出勤。大多數孕婦會一直工作到臨盆才請「產假」。生第一胎的孕婦，實際生產時間與預產期往往有數週的落差，比較不會工作到臨盆；生第二胎的孕婦，有些人會工作到逼近預產期。

不少孕婦生產之後會以哺乳媽媽的身分回到職場。以往大多是等「小孩滿兩個月」或「小孩脖子硬了」才復職，但現在生完後重返職場的速度則快得多。究其原因，不少人是因為丈夫從事短期的派遣工作，或是只要遇到下雨就停工的粗重工作，收入不穩定，所以孕婦不得不一生完就回到工作崗位，有的甚至是一排完惡露就復職。這個應召站旗下的小姐有兩成是孕婦，八成是哺乳媽媽。

以往天冷時應徵者比較少，因為帶著剛出生的孩子在冬天出門很辛苦；現在則是不分四季都會收到應徵者的信件。她們的動機很簡單，就是為了賺錢。接客一次的收入是日幣一萬元，一天接到一次客就能維持生計；一星期接客二到三次，一個月就是日幣十萬元。只要好好理財和儲蓄，就不需再擔心生計。店裡有五到六名小姐的月薪已高達日幣三十萬元。

除了哺乳媽媽應召站之外，社會上根本不存在產後一到二個月、身心尚未復原的女性帶著新生兒，一週到應召站工作二到三次，每次上工二到三小時（附免費托兒所），月薪就有日幣十到三十萬元的工作。

來這裡應徵的多半是「先上車後補票」的年輕主婦、單親家庭與未婚生子的女性。我請店長打開電腦螢幕，看到好幾封應徵者寄來的電子郵件。從寄件者的網域看來，都是用手機寄來的信件（譯註：日本的舊式手機有其獨特的網際網路，可設定手機專屬的信箱收發電子郵件，亦可使用手機寄電子郵件到電腦）。

「我是單親媽媽，有兩個小孩，分別是三歲和一歲十個月。目前生活窮困，像我這樣也能從事這種工作嗎？」

「懷孕三個月也可以工作嗎？」

「身上有剖腹產的疤痕也沒關係嗎？」

「貴店會介意身上有自殘的傷痕嗎？」

「我有小孩，休息室是大家一起待命嗎？」

「接受試做嗎？」

來應徵的女性以單親媽媽、年輕時「先上車後補票」的女性、和男友分手之後才發現懷孕、因為沒有存款而無法生活的女性居多。根據日本厚生勞動省（譯註：類似臺灣的「衛生福利部」）的人口統計分析，二〇一〇年十到十九歲生產的女性中有八成；二十一歲到二十四歲生產的女性中有六成是「先上車後補票」的。研究指出，年輕時生產和育兒可能導致輟學與職涯中斷，影響之後的生命歷程，造成世襲貧窮。

店長接受採訪時，屢屢接到尋芳客打來預約的電話。旗下小姐的班表和尋芳客預約的時間，都是由店長手寫填入一週的行程表中。大型應召站會建構管理顧客的系統，尋芳客打電話來的瞬間馬上就能掌握其姓名與歷史消費記錄等等。然而，這家孕婦與哺乳媽媽應召站卻是採用手寫的傳統方式管理。

為了避免尋芳客的個資外洩，他們從一開始就不記錄顧客資料。客群與個人資料都記在店長的腦袋裡。聯絡處牆上張貼了一句警示，店長一定會口頭提醒首次預約的顧客：「不得強力搓揉與吸吮女性的身體和對腹部施加壓力，以免造成流產或早產。」除此之外，店長晚上八點之後不接電話，否則無法休息。

店長在店裡是校長兼撞鐘，所有行政工作都由他一個人負責。營業時間基本上是上午十一點到傍晚五點。星期一是公休日。

工時短、接客人數少

業績最好的紅牌媽媽，從上午十一點工作到下午二點，只上工三小時。以哺乳媽媽為例，由於一天能分泌的母乳份量有限，一天最多只能接客兩次。應召站每天的客人平均人數是十到十五人，交易時間較一般應召站長，多數的尋芳客選擇預約九十到一百二十分鐘的服務。哺乳媽媽的泌乳量是當天第一次接客時最充足，因此，絕大多數的尋芳客都希望能預約到當天的第一號；有些客人還因為預約不到第一號而放棄預約。

長期經營孕婦和哺乳媽媽這種因應特殊需求的應召站是一種強項：同行競爭少、客人不易流失。雖然一到兩年之間只來消費一次的不定期客人為數不少，經營了八年也能累積出相當人數的不定期客人。店長把這種情況稱為「蓄積得來的勝利」。

應召小姐平均的工作年資約為兩年。懷孕時以孕婦的身分工作，生產之後以哺乳媽媽的身分復職，工作到孩子兩歲，合計共二到三年。其中也有小姐從懷第一胎時就開始工作，一直工作到第二胎出生之後，年資合計共六年。店長表示，這種例子「紅牌才做得到，不是常態」。

旗下小姐每天也嘗試各種辦法好分泌更多母奶。年糕、仙貝、納豆和豆腐等豆類製品的效果較好；馬鈴薯和地瓜等根莖類的效果勝過萵苣等葉菜類。白米的效果也很好，可惜吃多了會胖。不喝含有咖啡因的飲料和酒類。有些人喝了奧樂蜜C（編案：是日本的一種維他命碳酸飲料，富含維他命C）會促進乳汁分泌，但是分泌的量則因人而異。

另一方面，母乳消耗過多會造成身體分泌更多的母乳，不擠奶就會胸部腫脹，引發乳腺炎，得了乳腺炎就得請假。所以，小姐們會藉由泡澡或按摩促進血液循環，以預防罹患乳腺炎。應召站還有媽媽們的聯絡網，在休息室兼托兒所裡討論如何預防乳腺炎。部份小姐因為衛生理由，服務前後都會消毒乳頭。

分泌不出母乳之後，旗下小姐的出路又是如何呢？在同一家應召站工作兩年，應該累積了不少回頭客或是常客，就算母乳消退，還是會有不少男性繼續指名吧？

店長表示，之前曾經為了母乳消退的小姐推出「人妻」服務，客人卻興趣缺缺。剛開始的一到兩個月，原本還有當哺乳媽媽時的常客會繼續指名，到了第三個月就門可羅雀。這個「三個月後就不指名了」的習慣，不管經營幾年都無法改變。可見，這些尋芳客追求的是母乳，而非應召小姐本身。

花錢喝母乳的男人

聯絡處的電話再度響起。電話號碼和剛才的那一通電話相同，卻是不同男子的聲音。這種有問題的客人，店長在接電話的階段就會直接排除、拒絕往來。順帶一提，店長接電話時不會事先報上應召站的名字。

尋芳客以自衛隊員、警官、救援隊員與教師等，從事嚴謹的職業者居多。大多數的男性都十分溫柔；擅長冶遊的客人不會猴急，而是慢慢來。大多數客人是一星期之前就預約，他們大都很清楚要如何對待產前產後的小姐。

應召站雖然不會針對應召小姐接客的方法、流程舉辦事前講習，不過店長指導旗下小姐「服務時要先讓客人喝母乳」，因為，這群尋芳客是為了母乳而來的，等到喝完母乳再進行半套的服務。小姐躺在客人身旁餵母乳時，不少人會一邊喝一邊勃起；有些人喝上一小時也不打手槍；也有些人會自己打手槍而不觸摸小姐的身體；有些人可能是受到色情片的影響，希望小姐把母乳灑在他們的臉上或身上。

一名已婚有小孩的客人曾表示：「很想喝母奶，卻無法對妻子開口。」喝母乳也有訣竅，偶爾會發生小姐的乳暈太大吸不順等問題。順帶一提，店長本人「沒嘗過母奶（笑）」。

在尋芳客當中，孕婦和哺乳媽媽都會指名的只佔了整體的二成。可見，孕婦和哺乳媽媽的客群意外地不重疊。

指名孕婦的客人多半只會撫摸其鼓脹的腹部和拍照，基本上不會有人粗魯地對待小姐。有些人是想欣賞孕婦獨特的裸體曲線美。服務方式是：

尋芳客躺在小姐的大腿上觸摸腹部，由小姐幫尋芳客打手槍。

店長表示：「有些人來哺乳媽媽應召站是因為厭倦了普通的小姐。」順帶一提，相較於以往的一般尋芳客，這裡的客人追求的不是小姐本身，而是小姐的身體特徵（例如，巨乳或是白虎等等）或身分（女高中生或是人妻等等）。以往尋芳客都喜歡指名紅牌，店家推銷時可以說「這位小姐是本店紅牌，很推薦」。但現在這種話術卻不管用了，因為，比起小姐是否是紅牌，尋芳客更在意對方是否具備自己喜歡的符號或特徵。

休息室兼托兒所

應召站聯絡處到休息室兼托兒所，只需步行一分鐘，有任何狀況，店長隨時都能趕過去。承蒙店長的好意，我參觀了位於大樓一角的休息室。

這棟大樓位於圓山町中心，居民大多是性產業的相關人士，也有許多外送型和旅館型應召站的休息室。從大樓大廳走到電梯的短短一段路上，我就和好幾名言行舉止、外貌打扮疑似性產業相關人士的男女擦肩而過。店長本身也住在這裡。

休息室是套房，人多的時候會有七、八名應召小姐和小孩一起在此待命。店長租了兩間套房當作休息室兼托兒所，小孩多的時候還會依照年齡分班。

店長雇用三名二十多歲的女性擔任保母，薪水是時薪日幣一千元及另加交通費。保母當中有人曾經以孕婦身分在此工作。每天有兩名保母上班，一人看顧兩名小孩。如果來上班的小姐變多，保母忙不過來時，也會請其他待命的小姐幫忙照顧。

托嬰費用是從應召小姐的薪資中扣除，每接一次客扣日幣五百元；一個客人也沒接到則免費。休息室裡備有免費的尿布、奶粉、擦屁股的濕紙巾、溢乳墊、棉花棒、紗布、擠奶器和水等用品。這是在東京，尋找托兒所和小孩排不進托兒所早已成為社會問題。而這家應召站提供的托嬰服務，無論是價格還是使用者的友善都算是佛心。

「尿布等嬰兒用品都是在『阿卡將本舖』（編案：主要銷售媽媽與寶寶的嬰幼兒用品）的網路商店上買的。至於專門丟尿布的垃圾桶、裝尿布的除臭袋等，則比垃圾桶還貴。」

這句話還是不像出自於一位六十四歲的應召站老闆口中。嬰兒用的安撫搖椅是應召小姐們在網拍上找到的便宜二手貨。休息室的地板則鋪設軟木地板，方便孩子活動，以策安全。

如同前文所述，休息室的架子上擺滿了各類尺寸的「妙而舒」和「滿意寶寶」紙尿布，以及「含水分九九％的嬰兒柔濕巾」。冰箱裡充滿了兩公升裝的嬰兒用瓶裝水，方便應召小姐泡牛奶和做副食品之用。我當時也在照顧五個月大的第二個兒子，看到休息室裡的奶瓶消毒器和家裡用的是同一個品牌，心情十分複雜。沒想到，居然會在澀谷圓山町的正中央看到這些東西。

應召站是租借套房作為休息室，玄關沒有空間收納太多輛嬰兒車。店長於是把浴室改裝為儲藏室，應召小姐們就把嬰兒車折疊起來放進儲藏室。玄關地板還鋪設塑膠布，以免嬰兒車的車輪汙損地板。澀谷處處都是階梯、地下道與坡道，不方便推嬰兒車。這群從事性工作的媽媽，卻巧妙地穿過人潮、跨過高低差，一路上坡，來到位於道玄坂的應召站。

應召站傍晚就關門，休息室到了晚上也空無一人。有些應召小姐會因為和丈夫吵架跑來休息室住宿避難。之前還有從北海道來工作的應召小姐睡在休息室裡，但現在因為孕婦能工作的時間短，已經不再錄取外地人。

維護衛生的方式是徹底抑制諾羅病毒。之前曾經讓托育的孩童玩布偶，現在則全部因為衛生考量改成塑膠玩具。因為，布偶會有孩子偶而含在嘴裡和無法徹底清潔等問題，所以後來改由塑膠玩具取代並每天消毒後，據說孩童感染諾羅病毒與感冒的頻率已大幅降低。

衛生方面除了病毒與細菌之外，還有吸菸。不少應召小姐產前產後都繼續吸菸。媽媽有吸菸習慣的孩子容易罹患小兒氣喘與支氣管炎。室內雖然全面禁菸，但還是有些應召小姐會在室外抽菸。會抽菸的媽媽要餵其他孩子母乳時，就會被那些孩子的媽媽罵道：「不要讓我的孩子喝有菸味的母奶！」順帶一提，有些尋芳客還可以母奶的味道判斷出應召小姐是否抽菸。

休息室兼托兒所也曾經發生過應召小姐之間的衝突。例如，有位應召小姐在網路上抨擊「保母偏心，只對我家的孩子不好」、「沒有好好照顧我家孩子」、「老闆管理有問題」……但其他應召小姐紛紛出面相挺，表示「才沒有這種事」、「不爽就不要帶孩子來」，順利解決了網路論戰。會如此發展，是因為一起工作的應召小姐之間似乎有連帶感，有些人還是其他媽媽介紹而來工作。

店長表示：「應召小姐的出勤率和托兒所的環境成正比。」

托兒所環境好，小姐出勤率也會隨之提升。以前許多應召小姐會在該上班的日子因為沒人指名而請假，現在沒人預約也會來上班。因為，來到休息室兼托兒所時，不但有免費的尿布等嬰兒用品可使用，還能和其他媽媽聊天，以預防媽媽們因為育兒而導致神經衰弱。運氣好的話還能接到一次客，比起待在家裡無所事事，來上班還比較有意義。當然，有時也會無功而返，徒然耗費了交通費罷了。

成為應召站店長的理由

店長雖然理個光頭又身穿黑色大衣、外表嚴肅，其實內心十分溫柔體貼。他來自福島縣，原本從事餐飲工作，之後隨波逐流進入性產業。他離婚之前只有太太一個對象，年過四十才開始流連花街柳巷。無論身分是尋芳客還是老闆，他在這個業界已經累積了十年以上的經驗，因此很明白尋芳客和應召小姐的心情。

曾有一位旗下小姐，一開始是在韓式搓澡店工作。她是來自中國吉林省延邊朝鮮族自治州的朝鮮族，以留學生的身分來日本工作。朝鮮族的國籍是中國，因此，她算是中國人偽裝成「韓國人」在日本工作。性產業界經常出現這種情形（詳情請參考《不爲日本人所知的韓國妓女眞相》，中村淳彥著，寶島社出版）。

由於不懂韓文又和負責招募應召小姐的韓國女性吵架，她就辭去韓式搓澡店，跳槽到雇用中國女性從事全套應召服務的店家工作。不用說，雇用外國人的全套店是雙重違法行為。為了避免遭到警方取締，她不曾在同一家店工作三個月以上。她輾轉在埼玉與松戶等地工作之後，最後流浪到澀谷圓山町。店長剛來到澀谷時，除了目前的孕婦與哺乳媽媽應召站之外，還經營其他應召站。其他家應召站現今已紛紛倒閉，現在他就專心經營孕婦與哺乳媽媽應召站。

店長開設現在的應召站時，是直接雇用池袋某間倒閉的哺乳媽媽應召站旗下的小姐，因此開設過程十分順利。據說，「哺乳媽媽應召站從零開始需費時四年」，因為，募集正在分泌母乳的女性和喜愛母乳的男性，並加以媒合，的確並非易事。

二〇〇〇年代初期，圓山町店面型應召站林立。這些日文稱為「裏箱」或「潛箱」的應召站，嚴格說來都是從未向警方報備的違法商家，只是因為警方的默認而不曾遭到取締。店長表示，當年這些違法應召站盛行時，圓山町路上從深夜到首班車出發之前都充斥著尋芳客，摩肩擦踵。當時經常是一群人來召妓。例如，公司同事結伴喝酒後去酒店玩，最後一攤去應召站。前輩以「教教你什麼是女人」為由，帶後輩去應召站買春。當時還是前輩高聲一呼，後輩乖乖跟隨的時代。

為了因應當地居民強烈要求改善環境，政府於是自二〇〇四年進行「淨化作戰」——大規模徹底掃蕩應召站，東京都內未向警方報備的違法店面型性產業商家近乎全滅，圓山町的違法應召站也因此消失無蹤。目前圓山町僅存的店面型應召站屈指可數，原本大宗客戶是尋芳客的愛情賓館也因此大受打擊。大多數的應召站轉型為只剩聯絡處的旅館型應召站，或是完全沒有店面的外送型應召站。

店長表示：「以前的應召站不分年輕女孩、人妻、胖子或瘦子，大家都是在同一家店工作。」

然而，現在應召站的種類與型態趨向區隔化，出現了旗下小姐都是胖子、貧乳、刺青或醜女的應召專賣店，這股潮流有利於性工作者，卻不得不縮小應召站規模。

以往許多尋芳客是屬於「地緣客」——喜歡某個地區、習慣在當地飲酒作樂，現在則是「癖好客」居多——追求特定的特徵，卻不在乎地域的風情和應召站本身。

違法應召站興盛時，不少應召小姐都把賺來的錢貢獻給牛郎，現在旗下的小姐似乎不再如此。店長也表示：「現在旗下的應召小姐品質最優良。」年輕女孩翹班也無所謂，媽媽們則態度認真，絕不會任意消失，兩個世代對於工作的觀念迥然不同。

店長表示，大家一起工作一個月之後，臉部會出現變化。而所謂的「變化」，不是因為從事性工作而面相變得兇惡，反而是更常露出笑容了。面試時，來應徵的小姐因為生活貧困、捉襟見肘，流露出走投無路的表情。隨著經濟壓力減輕、與子女相處的時間增加，心態也隨之從容，開始露出笑容。「金錢」是最好的精神安定劑。據說，這些應召小姐的婚姻也意外地美滿，因為，隨著經濟變寬裕，丈夫的微薄薪水不再是困擾、或是不用幫忙照顧小孩和做家事，回到家時也不會再心情煩躁。

店長希望旗下的應召小姐都能放眼未來，從事性工作是「為了孩子」，而非「為了生活」，因為，賺來的錢全部花在生活費上也會造成小姐的精神壓力。對於賣母乳有罪惡感的應召小姐，店長會告誡她：「你是因為賣母奶才有錢拿。」或是半開玩笑地說：「要留給客人喝，不要給小孩喝！」然而小姐心裡想的應該是「存到錢就不要再做這種工作了！（笑）」

這是個藍海市場

以上是不為人知的孕婦與哺乳媽媽應召站的實際情況。依照一般社會常識，「懷孕期間與丈夫以外的男子從事擬似性交的行為」、「母奶不是拿來餵小孩，而是餵給其他男子以賺取金錢」簡直不可思議。現代社會對於孕婦與產婦容易流於強加一般價值觀或情緒化的議論，要是網路新聞報導孕婦與哺乳媽媽應召站的情況，一定會遭受眾人抨擊。

然而，就如同前文所述，這個社會根本不存在剛生完一到兩個月、帶著新生兒的母親，每星期只需工作兩天，一次工時兩小時（還附免費托兒所），月薪就高達日幣十萬到三十萬元的工作。部份女性因為孕婦與哺乳媽媽應召站而得以生活無虞一事無庸置疑。而要求女性不得從事這種工作，就得準備條件相同的工作，或是提供未婚孕婦與年輕的單親媽媽豐厚的津貼與社會援助。但現實是，以上兩種做法短期內都難以實現。

性產業成立的原因之一，是在一般人不想工作的地點與時間工作（或要求從業員工作），販賣（或要求從業員）一般產業不會販賣的商品，購買（或促使消費者購買）一般人不想買的商品。

性產業同時包括「賣這種東西（或賣這種東西一事曝光），對於其後在社會上生存會出現不良影響」、「承擔身心與社會信用遭受無法挽回的傷害之風險」、「把未來的健康與社會信用轉換為眼前的現金」的特性，所以才能在短時間內賺取一般人難以想像的豐厚報酬。

主打孕婦與哺乳媽媽的應召站，是把女性一生中最難以工作與賺取金錢的期間轉換為相反結果的夢幻職場。一般正常的孕婦不會在配偶以外的男性面前褪去衣物，因此才能在短時間內獲取高報酬；一般正常的母親不會出售母奶，所以把母奶賣給尋芳客的母親才能在傍晚五點之前結束工作，回家和孩子、丈夫共進晚餐。因此，對於沒空又缺錢的未婚孕婦與單親媽媽而言，得以「兼顧工作與育兒的性工作」才是她唯一的選擇。

「兼顧工作與育兒」

透過性工作達到「兼顧工作與育兒」對於所有女性而言是可行的嗎？根據前文介紹的孕婦與哺乳媽媽應召站的例子，或許會讓人忍不住點頭稱是。相信不少讀者應該也認為，當女性生活上很貧困、捉襟見肘時，進入性產業就業就能大賺一筆。但是，答案無庸置疑是否定的。理由有二：

第一個是錄取率。如同前文所述，孕婦與哺乳媽媽應召站收到大量的應徵電子郵件。如果店家來者不拒當然好，但是店長表示，錄取率是「十分之一二」，表示約有八到九成的女性在面試時就遭到淘汰。

能進入孕婦與哺乳媽媽應召站工作的女性，其實僅限於部份「性產業界的菁英」，首先最重要的是必須具備稱得上「商品價值」的外貌。觀察應召站的網頁可以發現，旗下的應召小姐個個都是美女。除了外在條件，還必須個性認真，不會遲到或缺席，工作態度積極。

順帶一提，這家應召站禁止小姐在外兼差。因為，只要「小姐也在其他店兼差」一事傳出去，就會降低應召站本身的品牌價值與格調。由於同行不多，尋芳客一看網站上照片的乳頭或腹部形狀就能認出該名應召小姐，如果她還在外兼差馬上就會被發現。而不用兼差就能賺取足夠薪水的性工作者，當然僅限於優秀的應召小姐。另一個理由是，應徵者曾經從事性工作的比率。前來應徵孕婦與哺乳媽媽應召站的女性當中，究竟有多少人是性產業菜鳥呢？如果前來應徵的女性多半都是業界新人，這種性工作就是「菜鳥也能做的工作」，代表誰都做得來。

然而，根據店長表示，前來應徵的幾乎都是有性工作經驗的人。雖然工作時間有長有短，不過幾乎所有人都曾經從事應召女郎等性產業工作。我敢大膽地表示，這個年代「能進入性產業工作（與賺錢）」和「曾有性工作經驗」，已經成為一種「資格」或「資產」。聽起來似乎是理所當然，不過性工作可不是人人都做得來的，當事人有意願，並不代表年齡與外貌等條件就符合尋芳客的要求。所以，世界上存在大批想進入性產業工作卻遭到淘汰的女性。

正確來說，孕婦與哺乳媽媽應召站不過是「曾經從事性工作的女性重操舊業時的優良職場」。以往在性產業賺取大筆金錢的女性，由於懷孕與生產而遭逢巨大的經濟壓力，於是不得不重操舊業，進入孕婦與哺乳媽媽應召站。

分析孕婦與哺乳媽媽應召站的情況就能知道，透過從事性工作而「兼顧工作與育兒」的女性其實是少數。如此一來，真正的問題不是必須以懷孕和母乳當賣點的性工作者，而是無法進入性產業工作，也就是面試時遭到淘汰或是連面試都沒機會的女性。

下一章將聚焦於這群女性最後淪落的地方——「廉價應召站」。被其他店家淘汰的女性和失去所有商品價值的女性所聚集的廉價應召站，究竟賣的是什麼呢？

證言

「Kaku-butsuSOD 匿名調查團性產業排行榜」

近年來，「Kaku-butsuSOD 匿名調查團性產業排行榜」在尋芳客之間蔚為話題。這個網站的名稱很奇特，其實是源自於中國儒家傳統思想「格物致知（譯註：網站名稱是「格物」的日文唸法）」，意指「藉由分類，追求事物的本質」。

如同網站名稱所示，Kaku-butsu 是藉由匿名調查團提出的報告製作排行榜，並分類性產業與性工作者，然後加以排名。不同於其他的性產業資訊網站，Kaku-butsu 刊登的不是付廣告費的店家，而是團員實際調查過與尋芳客評價高的店家。目標是以尋芳客的眼光，建立「挑選優良店家時實用的性產業資料庫」。

決定名次的依據，是以團員實際體驗後打分數的「女性評價」為基礎，加上其他工作人員的態度和網站設計等「店家評價」，組合而成的店家整體性價比。報告的數量與時間也會反映在評價上，報告時間越久或是應召小姐已經辭職卻一直留著報告的店家，評價會隨著時間流逝而下降。換句話說，性價比高的店家正是「現在去也不用擔心會踩到雷」。至於左右評價的調查團員本身，也必須接受用戶打分數。

網站針對用戶還提出「性服務屬性測驗」，從二十四種性癖好當中自動分析用戶的屬性，以藉此參考性癖好和自己相同的團員所提出的報告。

資訊量大，徹底堅持CP值

Kaku-butsu報告的賣點是資訊量龐大到像恆河沙數。不同於以往的性產業資訊雜誌或是晚報，流於浮面、整齊劃一的體驗報告，或是配合店家的業配文。調查團員活用網路媒體不受字數束縛的特點，一篇報告的字數從一千字到超過六千字都有，充分洋溢著調查團員的個性與熱情。

報告首先記載應召小姐的外表、體型、接客態度、氣氛營造與技巧等基本事項，評分方式分成二十個階段（呈現方式爲二十分中幾分）。每個項目還會加上調查團員主觀的評語。

例如，外表是「狸貓臉混合貓臉的美女」、「女主播皆○愛子加上貓屬性的粉領族」、「扁平的凌波零型身材」等等。從應召小姐的五官、瞳孔顏色到嘴角的類型都詳實記錄。為了避免應召小姐的隱私曝光，Kaku-butsu規定，報告不得記錄應召小姐身上是否有自殘的痕跡；描述刺青時只能說有無，不可說明尺寸與圖案。

關於技巧的說明則具體到充滿臨場感。例如，「接客態度彷彿戀人，服務推展又是專家等級，能兩者兼顧實在令人感動」、「接受舌頭發出轉動的聲音，全方位迴轉口交服務時腦中一片空白，差點要昏倒」、「出類拔萃的服務精神，不愧是傳聞中的禮賓態度」等等。

報告內容當然不只是誇獎，也會記錄應召小姐的缺點。從「舌吻可以再積極一點」、「接吻時有菸味」等基本要求，到「要是腰再細一點，更能強調巨乳，看起來就更像寫真女星」、「希望能早點讓她明白性工作沒那麼簡單，不是光靠外表就夠了」等近乎雞婆的評語。

調查團員批評起來也毫不留情：「應召站的介紹誇示了長相」、「經驗少的男性應該會覺得很沒情調」、「完全沒處理陰毛，又粗又硬」、「技術差到即使有多好的氣氛也掩飾不了」、「就像是生產線作業，只是不斷持續沒感覺的親吻」等等。

看到這裡就覺得受夠了還太早，調查團員關於女性乳房與性器的描述和評價更是詳細。例如，「乳頭和乳暈都是粉紅色，非常漂亮」、「胸部大小適中很可愛」、「目測是下圍六十五公分的D罩杯。其實胸部本身不大，是因為腰細才看起來很大」、「乳頭到乳房整體都有細細的汗毛，很自然、很棒」等等。從評語中可以感受到調查團員看到應召小姐的身體時當下的興奮、感動等心情。

另一方面，團員書寫評語並非單純流於個人情感，享受服務的同時也仔細冷靜觀察應召小姐的動作與身體的每一個角落。例如，「臀部肌膚有些粗糙泛紅，所以外表扣一分」、「接受服務時稍微感受到有心防」、「清潔身體時不夠貼身」等等。

對於應召小姐而言，Kaku-butsu的報告，不只是對於自己的五官進行詳細的評價，連嘴唇的觸感、乳暈的大小、乳頭色素沉澱的程度、陰毛的濃密與否和處理的程度、性器四周的顏色與氣味、小陰唇的形狀與尺寸、做愛時分泌物的多寡、黏稠度與透明度、肌膚的觸感到肌膚粗糙的位置等，都一併打分數與排名，並公布在網路上。

在現代的網路社會中，與工作相關的一切毫無保留地公開在網路上，這也成為從事性工作者無法逃避的代價之一。

不讓客人當冤大頭

Kaku-butsu 網站成立的目的是消滅惡劣的性產業商家，促進性產業健全化、活性化——「用色情貢獻社會」。所謂的「性產業健全化」和「用色情貢獻社會」，究竟是什麼意思呢？

我來到位於東京中野的ＳＯＤ總公司，拜訪 Kaku-butsu 的負責人金丸伸吾。

「性產業因為 Kaku-butsu 而明顯改善的是接電話禮儀。以前就連現在排行榜位居前面的店家，接電話時也不會自報名稱，應對方式欠佳。現在大多數的店家言行舉止都很合乎禮儀，接起電話的第一句話是『感謝您的來電，我是某某店的某某人』。

部份工作人員會把調查團員寫的報告拿給應召小姐看，並詢問對方的感想。有些人看了報告後氣到辭職，也有些人從中發現一些提醒而反省改善。由此可知，報告也可促使淘汰不良的從業人員。

我們要求調查團員必須寫出能在應召小姐面前朗讀的報告，因此，報告不僅有利於尋芳客，也必須對應召小姐有所裨益。

其實店家數量不需多，有一家正派經營的優良店家就已足夠。例如，同一個地區並不需要好幾家素人應召站或人妻應召站，每種類型各有一家優良店家，符合店家屬性的應召小姐都集中在同一家店即可。」

Kaku-butsu的意義在於，以市場原理和用戶觀點透明化性產業，消弭店家與尋芳客之間的資訊不對等。不依賴店家提供的廣告費發表以用戶觀點書寫的報告，的確能淘汰過度誇張的修圖、惡劣的店家與有問題的服務（長得美卻服務差的應召小姐）。

Kaku-butsu未來的目標，是連結店家排行與招募人才的資訊，突顯出哪些商家門庭若市。換句話說，透過這種做法以消弭店家與性工作者之間的資訊不對等。店家或許會覺得對自己不利，卻可藉此方便前來應徵的女性得知哪一家店才有生意，是對應徵者相當有利的做法。

由此可知，Kaku-butsu嘗試以透明化性產業，消弭資訊不對等並非詭辯或場面話，而是實際對性產業健全化有所貢獻。

市場變小並非壞事

無論是使用智慧型手機還是電腦，所有人都能隨時隨地免費瀏覽網站上的排行榜與報告，不需再羞赧地去書店或便利商店購買性產業資訊雜誌，或是鼓起勇氣走進紅燈區那氣氛詭異的性產業介紹所。

然而，如同前文所述，不可否認，性產業成立的部份理由在於「資訊不對等」。但是，消弭資訊不對等難道不會縮小市場或是進而破壞市場嗎？

金丸：「SOD社長高橋雅也要求我們，要經常思考五年後、十年後的情況。現在全日本有一萬多千家應召站。淘汰惡劣店家，篩選優良店家，十年之後數量或許會減少到現在的一半以下。然而，店家減少並不代表性產業縮小。我不覺得市場縮小是件壞事，只要縮小的結果是『良幣驅逐劣幣』就好。而真正受到惡質店家削價競爭與欺瞞客戶的態度所影響的反而是正派的店家。

目前Kaku-butsu和精選的部份優良店家結盟，針對付費的VIP會員提供完全免費的禮券和事先公開報告結果等專屬服務。尋芳客付費給性產業資訊網站是前所未聞的嘗試，會員至今已經額滿。希望未來Kaku-butsu能成為評定優良應召站店家並加以排名的公信榜公司。」

性產業的問題在於缺乏法律規定的「業界條款（正派經營的規範）」與「排除條件（避免問題人物進入業界）」。

開設俱樂部和酒店等聲色場所屬於「許可制」，申請人和公司董事如果觸犯「排除條件（暴力慣犯、濫用藥物或是有前科者）」就無法通過審核。法律也規定了這些行業的業界條款。應召站等與性風俗關聯特殊營業的屬於「申報制」，只要向行政單位提出文件，誰都可以當老闆。換句話說，這個行業沒有「排除條件」，因此，無論是黑道、毒蟲還是有前科者，只要向行政單位遞交文件就能開設應召站。由於法律規定的業界條款付之闕如，缺乏衛生管理與道德的服務則橫行於市。性風俗關聯的特殊營業缺乏法律規定的「業界條款」與「排除條件」，這點在於行政單位認定性產業本身就是「性質可疑」、「不管是由誰來經營都無法正派、健全」。

因此，Kaku-butsu 此類媒體，根據用戶觀點與市場原理將性產業透明化、消弭資訊不對等，成為認定優良店家與排名的平臺，同時負起保障店家信用的責任，這麼一來，就有機會建立與普及性產業的「業界條款」與「排除條件」，進而打造健全的性產業。

「教育」男性用戶的重要性

調查團員在報告中不只批判應召小姐的接客態度，還對服務方式留下辛辣的評語：「單調無趣，好像會說話的性愛娃娃」。可見，無論外表條件多麼優秀，無法提供尋芳客想要共度時光的服務就拿不到排名；反之，尋芳客缺乏「花錢買時間與服務」的意識，也無法健全地享受性服務。

然而，對於懼怕戀愛與做愛帶來創傷的男性、想節省力氣和金錢的男性，總是習慣以表面的尺度或數字作為衡量基準，並藉此評價應召小姐和排名。針對這一點，金丸表示：「今後的課題是教育男性用戶。因為，尋芳客也必須思考要如何取悅應召小姐，引導出她隱含的魅力，而非被動地等待或是單方面要求。」

報告刻意不配合重視服務規範的尋芳客。換句話說，報告不刊登應召小姐的學歷與職業等等，一方面是為了保護隱私，同時強調重要的是「當事人的個性與魅力」，而非所屬的學校和從事的工作。報告內容只需記載六十分鐘交易中所需的資訊。在性產業裡，「看起來幾歲」比「實際年齡」重要。

媒體必須教育尋芳客，比起應召小姐的外在條件和是否做全套，還有更愉快的享受方式。並告訴他們，學會其他冶遊方式會更划算喔！透過具備明星魅力的應召小姐來對尋芳客進行啟蒙教育，或許效果會更佳。因為，透過誇張的服務尋求刺激，總有一天會走到盡頭。

打造「新女神」

金丸：「以往吉原有服務一次要價日幣一百萬元的小姐，我覺得建立資料也好，因為，應召小姐個人接客的次數有限，想增加收入就只能提高單價。現在決定價格的機制，多半是建立在年齡或長相等應召小姐本身的價值，所以必須藉由附加價值來提高其交易服務的價格。

部份情侶俱樂部讓女性背地裡提供全套服務，藉此提升價格。我提倡的不是這種遊走於法律邊緣的方式，而是在性產業的框架中提升服務品質與品牌價值。可惜的是，許多店家並未達成這項目標，只做到募集錄取符合店家要求的女性。

現在男性渴望的都是沒有性經驗的女性，卻很難舉辦正式的研習和指導。以前客人挑的是店，現在挑的是小姐；小姐跳槽了，客人也跟著離開。所以，店家的功能與指導意願都很低落。

女性進入性產業的門檻至今已年年降低，應召小姐入行之後卻什麼也沒學到就離開未免太可惜了。我希望能把性產業打造成：女性進入業界後或多或少都能有所成長的『女性進化職場』。培養女性魅力，並透過工作學習新知。這種做法對於店家和客人也有所裨益。期盼 **Kaku-butsu** 能成為性產業的指南針。」

打造健全產業與提升消費單價的唯一方法是，提升性工作者的服務品質與品牌價格，而非提供全套服務等違法、誇張的旁門左道。然而，這種理想和以性價比為評鑑核心的 Kaku-butsu，不是互相矛盾嗎？追求品牌價值與性價比可能兼顧嗎？

金丸：「的確如你所說，現在一般大眾衡量性服務的唯一標準是性價比，也就是『價格』。

我認為性產業可以打造具備品牌價值或散發明星魅力的應召小姐。例如，現在在一般媒體上也讀得到『頂級 AV 女優傳授讓男友爽翻天的床上技巧』這種文章，代表 AV 女優對於一般女性已經不是特別的存在。應召女郎或泡泡浴女郎，應該也能以相同立場和一般社會建立關係，提升自己的明星魅力或品牌價值。而如何達成這項目標就是我們媒體人的工作。

Kaku-butsu 成立沒多久，還沒辦法帶動整個性產業。雖然我希望能藉由增加點閱率提升Kaku-butsu身為媒體與廣告媒介的潛力，卻不是爭奪其他同行的生意，而是如何促進其他業界的人士共同參與。

性產業是非常現實的世界，其內部的行為過於直接了當，難以成為一般社會可用的內容。業界人士本身也不期待這件事。

SOD的社長高橋雅，也透過AV連結性產業與一般社會，成功促使性產業的行為成為其內容。我們認為，這是SOD的基因，希望能持續傳承下去。」

如同金丸所述，儘管他提出的做法會帶來陣痛，性產業與一般社會還是難以產生連結。除非與一般社會建立關係，引進一般社會的市場原理與用戶觀點，否則無法改善因為通貨緊縮而陷入苦戰的性產業。

第三章

賣春的墳墓

三十分鐘三千九百日圓的廉價應召站

「三十分鐘三千九百元的應召站根本經營不下去。因為經營不下去而勉強，勉強又導致扭曲，才會遭到檢舉。」在這日幣三千九百元當中，店家抽一千四百元，剩下的二千五百元是應召小姐的報酬。

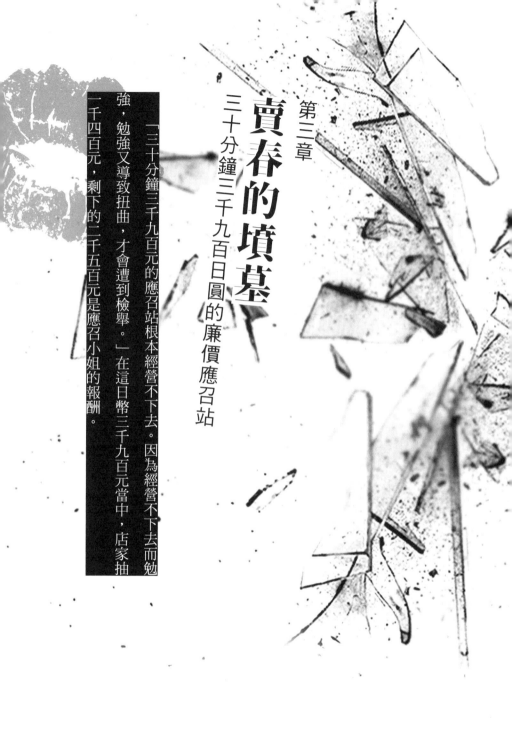

二〇一五年一月，真理子（三十三歲）正在秋葉原的網咖包廂休息時，突然傳來一陣敲門聲。她以為是店員，打開門一看卻是警察。真理子嚇了一跳，立刻詢問警察「有何貴幹？」對方說有事要請教她，就把她帶去警察局，並以證人身分接受偵訊長達七小時。

真理子在日本最大的外送型應召站「三九集團」工作，該應召站的賣點是三十分鐘的服務只需要三千九百日圓的破盤價。

「三九集團」是所謂的「廉價應召站」，總店在池袋，四年前開始在日本全國各地積極展店，到處開設直營店或加盟店。其分店橫跨北海道到九州，推測旗下共有約三千名應召小姐。集團本身成立於十年前，不管好壞都在性產業裡表現得十分搶眼。在正派經營的店家眼裡，「三九集團」是採取「傾銷」的方式做生意，是妨礙市場健全發展眾人的「眼中釘」。

二〇一五年一月二十日，警視廳保安課以違反《賣春防止法》（仲介）為由，逮捕了「三九集團」的代表與員工一共二十一人。而分店遍布全日本的外送型應召站同時也遭到掃蕩，這還是有史以來第一次。

逮捕的理由是，集團的代表等人，從二〇一四年五月到十月之間，強迫池袋等共六間應召站的七名性工作者賣春。據說，是其原本旗下的應召小姐向警方舉報「資方強迫提供誇張的服務」，導致「三九集團」「管理賣春」（譯註：要求旗下應召小姐住在店家所有或管理的住處居住，從事性工作，類似以前的「妓院」。該行爲違反日本的《賣春防止法》。）事情曝光。「三九集團」的營業額，包括直營店和加盟費，一年為日幣四億元。它們原本薄利多銷的模式無法獲得高收益，因此就藉由同樣是薄利多銷的加盟費來增加營業額。

真理子在警察局接受七小時的偵訊，警方不斷地詢問她：「我們問過客人，你有做全套，對吧？」但是真理子為了保護老闆，無論如何都不承認。「三九集團」是她賺錢的地方，身為店裡的「紅牌」，時時都有客人指名她，平均一天接客四到五人，應召站也因為指名次數增加而提高她的抽成金額。她表示，應召站對她有恩，所以絕對不能出賣老闆。

在網咖待命的應召小姐

擔任性產業的創業經營顧問與企劃製作的性產業創業家大崎柳也表示：「三十分鐘三千九百元的應召站根本經營不下去。因為經營不下去而勉強，勉強又導致扭曲，才會遭到檢舉。」在這日幣三千九百元當中，店家抽一千四百元，剩下的二千五百元是應召小姐的報酬。「三九集團」為了減少經費以維持微薄的利潤，不斷嘗試以各種手法降低成本。

如同前文所示，一般的外送型應召站是讓旗下應召小姐在休息室集合，接到尋芳客預約的電話後再派遣小姐前往旅館等地進行交易。「三九集團」卻是讓旗下小姐在網咖或是租書店待命，所以警方是在網咖找到真理子，而非店裡的休息室。

大崎表示，位於東京都市中心的應召站，大多要求應召小姐在家裡或是網咖待命，有時候甚至是在接送的車子裡待命，能在店裡設置休息室的只有少數大型性產業集團或是資金雄厚的應召站。

網咖的費用又分為店家支付、店家與應召小姐各半或是全部由小姐負擔，這部分則因不同店家而有所不同。

讓應召小姐在紅燈區的網咖而非應召站本身的休息室待命，的確能大幅減少房租等成本。應召小姐接到通知後，直接從網咖前往車站或飯店與尋芳客會合。派遣小姐的成本（養車的錢、油錢、馬伕的人事費等等）是經營應召站的瓶頸，「三九集團」的這種做法完全省下了這筆費用。

然而，這種做法有利也有弊。應召小姐不需前往聯絡處，所以和店裡的工作人員接觸的機會減少，基本上等於沒管理。這同時意味著，應召站無法處理尋芳客的客訴、教育小姐，以及最重要的是關懷小姐身心等管理。

大崎表示：「不只是性產業，酒店等透過女性從業員賺取利潤的商業模式，都必須時時和旗下小姐溝通。就我聽到的資訊，『三九集團』明顯並未盡到這項義務。」

免費或加購誇張的額外服務

「三九集團」已經是廉價應召站，對於另外支付日幣二千元指名費的尋芳客還免費提供其他誇張的服務；在其他應召站，這些服務必須支付高額的費用或是即使付了錢應召小姐也不願意做。例如，不戴套的肛交和沾了精液的指交等等不符合衛生與常識的服務，網站上卻標示為「服務」或「加購服務」。

然而，這些服務有時並非字面上的意思，而是暗指「可以做全套」或是

「可以中出（不戴套性交）」。標示或宣傳「追加多少錢可以選購全套服務」違反《賣春防止法》，因此，就以暗喻的選購方式暗示尋芳客另外付費、接受全套服務。

同樣都是「三九集團」，每家應召站和老闆的做法卻有所不同，無法一概而論。例如，《性工作者這一行》（中村淳彥、敕使河原守著，寶島社新書）訪問了「三九集團」旗下一名二十九歲的性工作者，她不做全套卻月薪高達日幣一百萬元以上；部份性產業雜誌則介紹「三九集團」是「優良應召站，值得信賴」。

「三九集團」完全不管理旗下小姐，服務還很誇張地增加許多免費項目，長此以往，勢必會發展成血汗的商業模式，把應召小姐當作「用過就丟」的消耗品。部份應召站會透過介紹或仲介，募集不符合其他應召站錄取標準的女性，或在其他應召站賺不到錢的女性，把她們當作消耗品對待。業界相關人士甚至揶揄，「三九集團」是「賣春的墳墓」。

應召站必須「健全化」

開店最簡單的商業模式就是「削價競爭」，這模式簡單易懂，讓人印象深刻。然而，削價競爭到最後一定會自討苦吃。大崎表示：「所以，老闆應該思考如何提升服務與商品的價值，藉以提高價格。」老闆必須了解基本資訊與正確的知識，提升旗下小姐的價值，以適當的價格提供尋芳客適當的服務。因為做不到或是沒做到，才會接到尋芳客的客訴，發展出毫不珍惜旗下小姐的商業模式。

大崎認為，「三九集團」遭到舉發一事，其所顯示的教訓是「提升服務或商品的價值，也就是老闆或旗下小姐努力提升自我能促進業界健全化。」站在一般商業的觀點分析性產業，的確如同大崎所言。性產業的老闆在開店前或開店後，幾乎都沒有機會學習經營所需的法律與管理的相關知識；警察在收取開設應召站的報備文件時也什麼都不教。但是，就算缺乏知識和經驗，只要提出行政報備的文件就能開店，導致不少老闆都是在不知情的情況下觸法，直到接受到警方指導時才知道有其法律規定。有些老闆甚至連應召站不得提供全套服務都不知道就開店了。

無論是增加指名次數所需的工夫還是床事技巧，大多是依賴應召小姐個人的努力。活用一般企業的行銷策略與管理技術；提供應召站老闆、男性員工和旗下小姐學習的機會。前者可藉此提升管理技術，後者可藉此提升自我能力、學習獲得尋芳客指名所需的技巧。此種做法，將成為促使性產業健全化，成為正當商業的必備條件。

然而，活用一般企業的行銷策略與管理技術，雖然是必備的條件，卻不夠充分。性產業的問題之所以複雜，不是因為「相較於一般企業，缺乏商業觀點與知識」，而是「性產業本身就不是純粹的商業」。

日本法律規定，性產業是「性風俗關聯特殊營業」，乍看之下，彷彿是提供性服務的商業，其實事情並非如此單純，性產業中還摻雜了「商業之外的基因」。這就如同希臘神話中登場的嵌合怪獸喀邁拉，導致問題的複雜化。

在廉價應召站工作的女性樣貌

話題回到本章一開始提到的真理子身上。

她是單親媽媽，孩子年紀還小。她的身高約一百五十公分，三圍全部超過一百一十公分。根據她本人表示，她從小學起就遭受到學校同學霸凌和母親的虐待。父親沉迷於柏青哥，祖父酒精中毒，家庭環境十分悲慘。國中三年級時，她開始援助交際。高中時輟學，曾經被抓進少年觀護所，也吸過毒。

她十九歲時進入聲色場所工作，迷上了牛郎。理由是，剛來東京時沒有朋友很寂寞。一天，她去了偶而在宣傳單上看到的牛郎店，該店在傳單上宣稱第一次只要日幣一千元。結果去了之後就一發不可收拾，她最後負債到付不出租屋的電費還被斷電。為了償還在牛郎店欠下的費用，她於是進入主打旗下小姐都是胖子的酒店和店面型應召站工作。

她指名的歌舞伎町牛郎為了催她還錢，於是介紹她去「三九集團」的池袋店工作。牛郎、掮客和部份「三九集團」的分店在背地裡串通，常常介紹無法償還牛郎店費用的女性去「三九集團」工作。

她進入「三九集團」時，工作人員告訴她：「不戴套性交賺得比較多喔！」性交易基本費用為三千九百元，小姐抽成二千五百元。尋芳客必須另行支付日幣二千元才能指名，因此，「增加指名」就成為提高收入的必備條件，想賺錢的小姐自然會覺得「既然不戴套可以獲得指名和賺更多錢，我願意做」。不願意的則會遭到工作人員警告：「來我們店要戴套就賺不到錢。」有時則是工作人員表示，不需要提供不戴套性交服務，等到小姐覺得賺不夠時再暗示有這個服務項目，最後小姐還是會被迫提供服務。

認為自己是去一般應召站應徵的女性，在面試時就會覺得店家有問題而離開，或是錄取後馬上辭職。錄取真理子的應召站裡，據說旗下小姐都是會自殘或是藥物上癮等罹患心理疾病的人。

不戴套性交「合理化」

進入「三九集團」後，真理子支援過五反田、淺草、上野與秋葉原等分店。工作人員表示，「真理子從不請假，天天來上班」，有時甚至不惜縮短睡眠時間也要去工作。因為真理子患有恐慌症，無法和其他人一起在休息室待命。由於她以前曾經遭遇過霸凌，所以她不擅長與其他女性相處，也曾在休息室與其他小姐和工作人員起過衝突，去網咖待命對她而言反而更方便。

考量到旗下小姐的風險管理，以網咖代替休息室並非理想的做法，但有些人卻因為這樣的安排才能工作。

在網咖待命的另一個問題是，應召小姐沒有機會直接把尋芳客支付的費用交給應召站。部份分店的管理十分鬆散，居然是要求小姐結束性交易後把收取的費用放進分店的信箱裡；有些分店則是告訴小姐，之後工作人員會來收款，必須由她暫時保管。缺乏管理金錢能力的女性當然會挪用代為保管的款項，然後就遭到工作人員斥責，被迫延長工作的時間與期間。換句話說，要求應召小姐去網咖待命和代為保管性交易收到的款項，都是迫使小姐負債、無法離開應召站的陷阱。「三九集團」走到這一步已經超出管理賣春的領域，近乎人口販賣了。

如同前文所述，不戴套性交在「三九集團」部份分店已經成為常態。部份高級泡泡浴店的小姐則是服用避孕藥後才提供不戴套性交服務，而廉價應召站的不戴套性交服務卻並未提供應召小姐避孕藥，這種做法在衛生方面與對身體的傷害，無異是一種自殺行為。

然而，不戴套性交成為常態，不僅是尋芳客的要求，也符合性工作者的需求。如同前文所述，應召小姐想要獲得更多指名，於是養成提供不戴套性交服務的習慣。與其說是靠不戴套性交賺取更多收入，不如說是，如果不用這個賣點根本無法從事性工作。至於缺乏床事技巧，不懂如何用手或口滿足尋芳客的小姐，不戴套性交反而更能快速完成服務。「三九集團」設定每次服務時間僅三十分鐘，也是促成不戴套性交越來越多的主因之一。另一方面，戴套性交會造成小姐私處因為橡膠摩擦而受傷，使用潤滑劑的全套服務反而能減輕身體負擔。

真理子是為了賺取更多收入，而屢屢和不特定多數的尋芳客進行不戴套性交，結果在她支援神奈川縣大和市的分店時因此懷孕。她本人表示，不戴套性交已成為常態，她事先就有預感總有一天會懷孕。雖然想過要把孩子生下來，卻因為她原本就養了一個兒子而無力再負擔新生命。而且，她發現懷孕時已經太遲了，因此花了日幣二十多萬元墮胎。

當真理子向工作人員報告自己懷孕想辭職時，對方卻表示：「不用辭職，去上野的分店工作就好。」要求被迫接受不戴套性交的小姐懷孕之後還繼續工作，簡直血汗到了極點。但是，「三九集團」是唯一錄取她的公司，儘管她希望公司能提供她墮胎費用，卻因為擔心因此失去工作而不敢向公司開口。結果，她在「三九集團」旗下時懷孕了兩次，兩次都是自費墮胎。醫生還告訴她：「妳已經不能再動墮胎手術了。」

不能離職的理由

從客觀的角度來看，要求旗下小姐不斷從事不戴套性交還要自費墮胎，不僅違法也不為社會所容。工作人員還叮嚀旗下小姐：「不要想在這裡交朋友」、「應召站不是交朋友的地方」。他們妨礙旗下小姐彼此交流也是賣春業者惡質常用的管理手段。沒有尋芳客上門，工作人員甚至會逼迫小姐「去路上拉客到天亮」。這些命令有時會伴隨言語等精神暴力，或是踢、踹等身體暴力。

讀到這裡也許您會心生疑竇：「為什麼受到這種對待還不辭職？」「欠牛郎店的錢不還也沒關係，趕快逃命吧！」儘管工作環境如此惡劣，真理子還是一直工作到「三九集團」遭到警方掃蕩。理由有二：

第一個理由是，「就算這樣也還是賺得了錢。」三十三歲的真理子三圍全都超過一公尺，並且罹患恐慌症與糖尿病。她想去其他應召站連面試都過不了，她唯一能做的工作，就是在來者不拒的廉價應召站服務不特定多數的尋芳客，提供不戴套的全套性交易等誇張的服務。尋芳客只要支付將近日幣一千元的追加費用，就能要求真理子接受喝尿和對方排泄在臉上等近乎拷問的玩法。這一切都是為了要獲得更多指名。真理子開心地表示，「三九集團」

認可她為了取得指名所付出的心血，「抽成的比例比其他旗下小姐高」。其實，每次追加服務所能獲得的抽成不過是微薄的日幣二百元，這微薄的利潤根本和她身心所承受的傷害不成正比。

另一個理由是智能障礙。真理子因為出生成長的環境與智能發展遲緩的影響，無法控制情感、管理時間與金錢。由於缺乏自信，她面對掌權者或是（看似）對自己釋出善意的人就容易聽命於對方。比起一般常識或是自己的身心健康，她更重視如何獲得眼前尋芳客的喜愛，努力避免讓對方拋棄自己。

二〇一四年，膾炙人口的書籍《最貧困的女子：不敢開口求救的無緣地獄》（鈴木大介著，中文版由光現出版所出版），也提到性產業的確存在少數智能障礙的女性。二〇一三年底，NHK介紹社會弱勢的節目《Heart Net TV》（十二月十日播放的第十九集：活在看不見的世界——智能障礙女性）和NHK的新聞節目《早安日本》（十二月十七日播放的內容：性產業的標的——智能障礙女性），也好幾次介紹輕度智能障礙與性產業的問題，成為眾人討論的話題。

現今日本關於智能發展遲緩的社會福利與教育制度，就是源自於智能障礙的女性與賣春問題。日本的「智能障礙人士的社會福利與教育之父」——社會企業家石井亮一（一八六七－一九三七），看到因為地震而失恃失怙的智能障礙女孩遭到販賣、被迫賣春的現象，大受打擊，於是傾力建立智能障礙人士的教育與社會福利制度。

無法獲救的理由

真理子目前不僅領取智能障礙的療育手冊（譯註：針對智能障礙人士發行的殘障手冊），同時也領取低收入戶救濟津貼。她在申請補助時引發騷動，她不僅毆打區公所的窗口承辦人員，還差點因為傷害罪而遭到警方逮捕，後來由負責的警官居中調解，最後她還是獲得了補助。而也因為，她領取療育手冊與低收入戶救濟津貼，因此也算是獲得社會福利的協助。

儘管如此，真理子的生活還是非常貧困。除了必須支付房租與水電瓦斯費，她的兒子不但是自閉症患者、還罹患必須住院的疾病，原本的低收入戶救濟津貼根本不足以供應他們母子生活。在這個情況下，她還去歌舞伎町的男孩酒吧（譯註：類似牛郎店，但是酒吧可以通宵營業，牛郎店必須在晚上十二點結束營業。前者是隔著吧檯提供服務，後者是坐在客人身邊）喝酒，花了不少生活費。但是去酒吧喝酒是她紓壓的一種重要方式，實在戒不掉。

第一章介紹了一邊領取低收入戶救濟津貼，一邊經營應召站的殘障男性。面對在性產業工作的貧困男女，一般人習慣主張「應該介紹社會福利機構或行政單位來協助，而非從事性產業的工作」。

然而，獲得社會福利機構或行政單位的協助，並不代表這群人就能獲得救贖，有時只不過是「比沒有獲得協助時好一點」。有些人則把救濟津貼或是殘障基礎年金，全都花費在酒精或是賭博上，情況反而更加惡化。

在現實生活中問題重重的真理子，想要自立自強、與孩子一起生活的唯一辦法，不是去一般的聲色場所工作或是接受低收入戶救濟津貼，而是在近乎管理賣春店的廉價應召站，或是近乎廉價應召站的管理賣春店裡工作。

管理賣春一般視為「無庸置疑的惡行」。但是，對於必須在管理之下才賺得到錢的女性來說，如果她的年齡或外表條件不佳，只能仰賴誇張的服務做為賣點，這是無法獲得社會福利組織或行政單位協助的女性，抑或是獲得協助也無法擺脫困境矛盾的女性而言，在管理賣春的職場裡工作是她們唯一的「福音」。

其實像「三九集團」如此血汗的應召站，都還能招募到性工作者，這表示，「需要」廉價應召站的不只是男性，還包括想在性產業工作的女性。

婦人保護設施輸給廉價應召站？

除了低收入戶救濟津貼、兒童津貼與殘障基礎年金外，難道沒有其他制度可以拯救像真理子這樣的女子了嗎？其實還有一個根據「賣春防止法」所成立的選項——婦人保護設施，用來收容與庇護可能會從事賣春的女性。

東京都內的「婦人保護設施」所庇護的女性，約有七成和真理子一樣罹患精神疾病且有輕度的智能障礙。然而，其中領有東京都發行提供智能障礙人士（兒）的「愛的手冊（東京都發行的殘障手冊之一，依照殘障的程度區分爲一到四度。一度最嚴重，四度最輕微）」僅有三成，領有手冊的人都是輕度的四度。根據東京都的規定：一度和二度者才能領取身心殘障人士（兒）的醫藥費補助，部份地區的規定是到三度；四度者則無法申請提供殘障人士家庭的區營住宅，也無法領取中央政府發給的特別兒童扶養津貼（養育殘障兒童者所領取的津貼）。順帶一提，三度者每個月可以領取日幣三萬四千零三十元的津貼，與四度者的社會福利有天壤之別。

根據東京都福祉保健局的定義，四度者的智商介於五十到七五，可依照簡單的社會規範行動。雖然具備理解周遭事物的能力，不會影響日常生活，但一旦面對新情況或地點時就難以臨機應變。

換句話說，像真理子這樣的女性，因為是最輕度的智能障礙人士，結果反而掉進現有的殘障福利制度不足的「漏洞」，難以接受補助。她們乍看之下能正常與人對話和工作，有時甚至不會發現她們其實是殘障人士。但如果缺乏周遭相關單位的協助，就難以立足於社會。

目前唯一接納庇護這些女性的是「婦人保護設施」。現今全日本只有四十九間婦人保護設施，每一間保護設施都還有空位，稱不上已發揮作用。我推測，賣春與在性產業工作的女性，合計共有數十萬人，進入婦人保護設施的卻只有五百多人，其中將近半數是家暴受害人。《賣春防止法》規定，婦人保護設施的目的是「收容與庇護可能日後賣春的女性」，卻並未充分發揮功能來發現、援助與接濟，情況近乎管理賣春的廉價應召女郎。

儘管如此，一般人或許會認為，這群女性只要進入了婦人保護設施，就能遠離惡劣的性產業，有機會解決她們困擾已久的問題。然而，事情並不如想像中的簡單。

據婦人保護設施的職員表示，不少居民把這裡叫做「監獄」。因為，進入保護設施的第一件事就是沒收手機，目的在於避免和交友網站認識的男性、來討債的牛郎（譯註：牛郎店的付款制度是讓客人賒帳月結，客人無法付款時由指名的牛郎代墊，再向客人討債）和掮客接觸，再度回到性產業。部份女性則是誤信「賺大錢」或是「見得到藝人」的詐騙郵件，結果造成錢財損失。手機沒收代表無法和家人、朋友等任何人聯絡，對於習慣依賴他人的女性而言，這簡直等於被宣判死刑。

換句話說，進入婦人保護設施，等於切斷所有之前為了生存所建立的社會連結。就算從客觀角度看來，這是近乎管理賣春的工作環境，但對於她們而言，卻是賺取金錢並與子女一起生活的重要職場，同時也是認識親愛男友與其他尋芳客、和他人建立人際關係的地方。

「不合理」的「合理性」

誠如本章一開始所說，儘管真理子在「三九集團」的應召站工作時被迫做全套、墮胎和遭受暴力攻擊，但她在接受警方偵訊時依舊堅持「沒有做全套」，不願意出賣老闆。

真理子的前男友原本是牛郎，也是介紹女性進入性產業的掮客，又身兼「三九集團」的店員。聽到他的身分，我心中不免湧起許多懷疑：「這種人算得上是男朋友嗎？」「她該不會被騙了吧？」無論這男子的動機如何，對於問題重重、沒人肯定的真理子而言，對方卻是唯一把自己當成女人（當然把她當作「工具人」的程度可能比較高）的男性。儘管他的真面目可能是壓榨女性的惡劣掮客，但在真理子眼裡，他依舊是她唯一的「男朋友」。

真理子離開「三九集團」後，跳槽到東京都內其他的廉價應召站。這家應召站不同於「三九集團」，正派經營，禁止提供全套服務。店長是好人，不抽成好讓真理子還清當時欠牛郎店的錢。於是，她用在新的應召站賺來的錢償還之前牛郎代墊的費用，好不容易才擺脫牛郎天天來家裡討債的日子。

可是，真理子還是難以走出「三九集團」的陰影。當時她在「三九集團」的新宿店、五反田店和池袋店等多家應召站的網站上刊登了露臉的照片。這間應召站雖然在她臉上打上了馬賽克，但以往接受過她服務的客人還是馬上就認出她，網路上也出現毀謗中傷她的留言，說她是「之前在三九的智障」。曾經光顧「三九集團」的客人來到新的應召站指名她，要求她提供和之前在「三九集團」一樣的誇張服務。例如，問她：「今天也肯喝尿吧？」

現在「三九集團」某地區的掮客又來挖角，希望真理子回去工作。這是「三九集團」中未遭到檢舉而持續經營的應召站，為了重振雄風而找上曾經待過其旗下的小姐。這家店的店長雖然勸她不要再回「三九集團」，真理子卻還在猶豫，畢竟她單靠目前的收入也無法維生。

廉價應召站的經營方式一點也不合理，卻有人因為不合理的做法而獲得救贖。廉價應召站在商業的立場上根本無法成立，卻勉強存在於現今的社會中，這是因為，除了商業模式之外，性產業相關人士平時所受到的社會歧視、虐待與貧困、殘障等社會問題錯綜複雜，交織而成募集人才、拉客、持續消費與應徵之所以成立的支柱，這也成為性產業結構的一部份。

從歷史的角度分析，改善性工作者的工作環境或是消除歧視、偏見等主張與活動，一直從日本明治時代的花柳區持續到平成時代的外送型應召站，這些活動實際上也收到一定的效果。

然而，不健全也不合理的部份卻成為支撐性產業的主要基柱，導致無法只解決問題卻保留建築物不受任何損害。這個結構正是解決性產業的問題，也是想要正派經營與改善工作環境時將面對的最大阻礙。

我們真的有機會跨越「不合理的合理性」之高牆嗎？下一章將分析刻意主打「不合理的合理性」的「恐龍應召站」，並思考解決問題的方法。

證言

賣春以上、戀人未滿的「高級會員制情侶俱樂部」

位於東京丸之內的高級旅館貴賓樓層，望向窗外就能俯看林立的摩天大樓與皇居所交織而成的美景。三十樓的房間遠離塵囂，寂靜無聲。

廣川剛志（三十四歲）坐在房間裡，正凝視筆記型電腦的螢幕沉思。雖然已經是晚上十一點半，但身為工作狂的他，不工作到即將入睡就無法安心。充電中的智慧型手機在紫檀木的桌子上閃爍，從無名指拆下的戒指也反射了手機的燈光。

剛志就讀於首都圈某所知名國立大學時，成立了ＩＴ相關的產業公司。

同年代的創業家忙著建立入口網站、社群媒體或是發布影片等熱門領域時，他選擇鮮少人矚目又利潤微薄的利基市場，經過長時間努力，最終獨占了眾人缺乏興趣的市場，成為該市場的贏家。相較於一般老闆堅持自我、野心勃勃的模樣，他的個性卻文靜含蓄，彷彿學者。與其說他是創業家，他卻更像是一位文科的研究所學生。

這時，浴室門打開的聲音打破了房間原有的沉寂。一名長髮即肩、身高將近一百七十公分的女子裸身裹著浴袍走出來。從浴袍的縫隙中可以窺見女子白裡透紅豐滿的胸部與雪白的美腿。她是田宮玲子（二十七歲），和剛志是同一所大學畢業的，主修經濟。她獲得碩士學位後，進入丸之內的外商審計公司工作。今天加完班後，她和剛志約在飯店的大廳見面，在飯店裡的高級日本料理餐廳共進晚餐後，就來到這間房間準備一度春宵。

單身的玲子目前準備前往國外的商學院取得ＭＢＡ學位。雖然有時候她必須加班到深夜，但還是會抽空唸書、準備留學。今天她也計畫回家之後要繼續唸書。

她穿上衣服準備回家，以免錯過丸之內線的最後一班電車。

「謝謝妳今天撥冗見面，我很開心，希望下次見面時不用這麼趕。」

剛志說完之後，就從書桌的抽屜裡拿出一個信封，親手交給玲子。信封裡有五張日幣一萬元大鈔。玲子笑容滿面地接下信封，恭恭敬敬地鞠躬了之後就離開房間。

這兩個人究竟是什麼樣的關係呢？看起來並不像大學的學長跟學妹在交往，因為情侶通常不會在道別時拿錢給對方。難道他們是外遇的男女嗎？還是新的高級應召站呢？這些猜測都是錯的。

剛志和玲子是透過會員制的高級情侶俱樂部認識的，兩人的關係不是應召女郎和尋芳客，也不是妓女和嫖客。硬要解釋的話，是「賣春以上，戀人未滿」的個人契約。在忙碌的生活中，抽空在兩人都方便的時間一起用餐或約會。事後，男性依據事前簽約訂定的金額支付女性報酬。

這種關係乍看之下和賣春沒兩樣，然而，《賣春防止法》定義的「賣春」是「接受報酬或根據合約與不特定的對象性交」（第一章第二條）。換句話說，就算性關係是建立在金錢或物品交易上，只要對方不是「不特定的多數」，而是「特定少數（或單數）」，就不算賣春。精神與經濟獨立的男女，在雙方同意的情況下締結安全且平等的契約，並未違反社會規範。

會員制的高級情侶俱樂部，協助、媒合想要訂定個人契約的男女。登錄費用多半是女性免費，男性必須繳交日幣數萬到十多萬元，遠遠高出應召站的性交易費用。而且，雙方登錄時都必須接受面試與書面審查、提出證明身分的文件。因此，這是和身分明確的對象，基於信賴關係締結的契約。有興趣進一步了解情侶俱樂部的讀者，請參考拙作《初面市的不倫學》（光文社新書）。

剛志已結婚七年，有個五歲大的兒子。他平均每一到兩個月就會抽空和玲子一起用餐與上床。他口氣溫和地表示：「大家或許會認為，有家室的人為什麼要做這種事？雖然聽起來很像狡辯，我卻是為了家人才加入情侶俱樂部的。換句話說，我不想因為外遇而破壞家庭。

工作帶給我許多認識公司內外部女性的機會，我又很容易對人一見鍾情，陷入婚外情的風險極高。但是，我不想因此失去工作或家庭，所以才和女性締結個人合約，決定見面的頻率和做愛的次數，以免自己對其他女性產生興趣。對我而言，這種做法就像是一種保險。」

另一方面，玲子又是如何看待自己和剛志的關係呢？

「現在的工作真的很忙，時間上和精神上都沒有餘力談戀愛，還得存留學的費用。然而，身為女性，一直沒機會和男性接觸也不太好，所以我登錄了情侶俱樂部。剛志很優秀又溫柔，所以我對現在的關係很滿意。我對於創業和成為個人事業主很有興趣，從他身上學到很多。如果硬要說有什麼不滿的話，就是希望多多約我吧！（笑）」

男性對於性服務的要求可分為兩種：「素人感」和「做全套」。許多尋芳客或多或少是期盼能感受戀愛的氣氛而前往應召站，希望能與近乎素人的女性做全套。

既然有如此需求，一開始就應該利用情侶俱樂部等服務，和素人女性締結個人契約。

但是，締結契約的難處在於費用，包括餐飲與飯店的費用等等。上一次床必須花費日幣數萬到十多萬元。前面各章介紹的廉價應召站所提供的性交易一次只需日幣數千元到一萬多元，兩者相較之下有如天壤之別。然而，剛志卻認為自己支付的費用是最低成本。

「女性要維持美麗健康的身心必須付出一定的成本。例如，美容費、服裝費與維持健康生活的餐費、健身房費用等等。但是，許多男性並不明白這些成本的存在與必要性。例如，一碗牛肉蓋飯只要日幣十元，任何人看了都覺得事有蹊蹺。日幣十元根本無法支付牛肉、白米、烹飪所需的工具、水電瓦斯費和人事費。再便宜也要賣三百元，生意才做得下去。

女性也是一樣，性服務原本就應該定價日幣五到十萬元，才能支付維持健康身心所需要的成本和美容成本。而日幣數千元到一萬元的利潤，根本連上美容院的錢都不夠，怎麼算都是『賠本經營』。廉價應召站根本不應該存在。換句話說，性交易的定價不應該低於日幣五萬元以下，男性也不應該要求性服務的價格低於日幣五萬元。雖然我這番話是半開玩笑的，不過如果制定法律規定性交易定價不得低於日幣五萬元，相信性產業多數的問題都能夠迎刃而解。」

店家與性工作者為了配合無法或不願意支付所需成本的男性，連確保健全服務與安全的最低成本也一併刪除。例如，用修圖吸引尋芳客上門、服務隨便、提供不符合衛生條件的誇張服務等等，所以問題一直無法解決。

如果尋芳客願意支付服務所需的成本，性產業絕大多數的問題就都能迎刃而解。無奈的是，這種做法幾乎不可行。畢竟在通貨緊縮和性產業走向外送型應召站形式的過程中，一通電話就能把小姐「叫來」自家或旅館，以及日幣數千元到一萬元左右就能欣賞到女性的裸體，甚至享受到全套服務的系統已經發展完全。在這樣的環境下，要求男性締結契約，為了做一次愛而支付數萬到十多萬元，並進行麻煩的溝通。就算這種做法的性價比才高，但願意選擇這種方式的男性恐怕還是九牛一毛。

性產業已經不再是文化，男性也失去機會學習不受限於金額的「瀟灑」玩法。在文化凋零的社會中要求性服務的尋芳客，眼光只能放在價格與女性的特徵上，持續追求根本不存在的「素人」身影。

第四章

恐龍應召站

窮到，只剩下自尊能賣

外表長得抱歉的年長女性想進入性產業工作，只能反過來利用男性黑暗的一面——仇視女性、歧視、控制、渴望認同，與對於性病的無知和缺乏了解。

「初次聯絡，請多多指教！我是鶯谷 DEADBALL 應召站的總監。我拜讀過您的書評，也藉由推特的發文了解您的主張。我沒有意思要贊成或是反對。但是，透過雜誌、網路、書籍或是電視，可能會忽略許多資訊。

不知您是否願意來敝店實際參觀聯絡處、待命的情況，並與敝店旗下的小姐聊聊，仔細觀察敝店的現況呢？百忙之中突然向您提出這個建議十分抱歉，我相信觀察後的結果能成為您今後的研究資料。懇請您撥冗前來！」

我在一般社團法人 WHITE HANDS 發行的性工作雜誌《SEX WORK JOURNAL JAPAN》，發表了 DEADBALL 應召站總監和原翔合著的《為何「恐龍應召站」會成功？》（東邦出版）的書評。

書評發表後沒幾天，DEADBALL 應召站總監就透過轉推聯絡上我。我沒想過他本人會直接找來，著實嚇了一跳。

這位應召站總監的旗下小姐水準之低居日本之冠，是包括「肥女、醜八怪、老太婆」等齊聚一堂的「恐龍應召站」。

首先說明事情經過：二〇一四年年底，第二十三屆FNS紀錄片大獎（譯註：針對加盟富士新聞網與富士電視網的二十八家電視臺，所製作的紀錄節目舉辦的比賽，目的在於提升節目品質）頒給了富士電視臺製作的《活在剎那間的女人最後的社會安全網》。片中追蹤貧困情況難以為人所知的女性如何生活，採訪對象包括在東京都底層廉價應召站工作的性工作者，她因為付不出房租而連夜潛逃至東京，過著清晨去清掃和在廉價應召站兼差的生活。

廉價應召站的名稱是「DEADBALL」，專門錄取其他應召站拒絕的恐龍——肥女、醜八怪、老太婆，號稱旗下小姐是全日本水準最低的「恐龍應召站」，在業界赫赫有名。她在這間「拿得出身分證就錄取」的應召站工作，一百分鐘的交易可以拿到日幣五千元的報酬。

她的身高只有一百五十公分，三圍全部超過八十公分，又缺門牙，就算說客套話也很難讓人稱讚其外表。她因此拿不到指名，賺取不了生活費，經常睡在應召站的休息室或是網咖。當時人稱「總監」的店長看不下去，於是伸出援手協助她學習自立。例如，陪她去房屋仲介公司找房子等等。

正當她順利找到房子，準備踏出自立更生的第一步時，她卻突然失去蹤影。總監與應召站的員工分頭四處尋找，卻遍尋無蹤。原來，她為了賺取生活費而在夜晚的新宿街頭當流鶯，結果遭到警方以違反《賣春防止法》為由而拘留。據說，她是在JR新宿站附近遇到佯裝成尋芳客的警員，然後以現行犯逮捕。警方諒其性交易未遂又是初犯，因此不予起訴。

總監前往警察局接回該女子，並和該名女子討論的結果是繼續在DEADBALL應召站工作以賺取生活費，同時把賺來的錢放進存錢筒以免浪費。其實，無論是總監還是當事人，都不明白這些解決方案究竟有無意義。

特殊教育的老師看完這支紀錄片後表示，該名女子應該是輕度的智能障礙。如同上一章所述，DEADBALL應召站宣稱「拿得出身分證就錄取」，自然會吸引許多被其他應召站拒絕的輕度智能障礙，或罹患精神疾病的貧困女子前來。

鶯谷DEADBALL應召站選擇「恐龍應召站」路線一事，受到眾人矚目，許多業界相關人士也對其抱持好感。總監本人也積極曝光，二〇一四年的秋天，還出版了前文提及的書籍，紀念出版的活動也人滿為患。

然而，我身為解決殘障人士性事問題的非營利組織的一員，完全無法贊成、讚美DEADBALL應召站的風潮。除了不應該把殘障女性的性工作商品化，還有其他理由。

「恐龍應召站」為什麼「不可以」？

首先，性產業的商品是性服務，而不是販賣歧視性工作者或是對其施以言語暴力的權利。

因為年齡、外貌或個性問題而無法提供性服務的女性，最後能賣的只剩下「身為女性、身為人類的尊嚴」。換句話說，「恐龍應召站」的立場是販賣尋芳客侮辱、輕視、歧視「肥女、醜八怪、老太婆」的權利。

總監和性工作者當然會說：「這不過是用來引人注意的廣告詞」；尋芳客也會表示，「這不過是聊天的話題，或是用來懲罰那些沒有達到業績要求的員工」。然而，若以餐飲店做比喻，即拿出「過期食物」的店家就算是事先獲得客人同意，依舊違反法律與社會的道德觀。所以，嘲笑性工作者和在電視節目上欺負搞笑藝人，完全是兩碼子的事。

另一方面，性產業一直以來對於性工作者都存在隱形的歧視，拿歧視當作話題也不會引發眾怒。正因為業界存在如此荒謬的惡習，恐龍應召站才得以成立。

依照前面提到該書籍的內容，前來 DEADBALL 應召站的尋芳客分為兩種：一是基於好奇心理的「鬼屋型消費」；另一，是賭賭看來的小姐究竟算中大獎還是倒大楣，想體驗刺激感受的「扭蛋型消費」。以性產業的消費者而言，這兩種人都是最糟糕的客人，因為，性產業賣的是服務，不是鬼屋也不是賭場。

恐龍應召站的問題出在，把原本不該賣的特質作為商品，然後賣給不該賣的對象。所以，最根本的問題不在於恐龍應召站本身，而是催生恐龍應召站的社會環境與法律漏洞。

根據現行法規，警方唯二能取締的性交易只有全套和錄用未成年者。對於經營路線有問題的恐龍應召站與無視於衛生與人權。例如，應召小姐專門提供「免洗即刻凌辱口便器（譯註：一般性工作者提供服務之前會請尋芳客先清潔身體。而這種服務是，男性在性工作者一進門立刻將性器塞入對方的口中接受口交服務）」服務的應召站則無法可管。

DEADBALL應召站並未公布旗下小姐的國籍、是否殘障與罹患疾病。其歧視的對象鎖定於當事人的年齡、外表、個性與經歷，還算是「有良心」。媒體如果厭倦了恐龍應召站，或是出現其他模仿的應召站，極有可能會鎖定更激烈的路線。例如，歧視國籍或殘障等近乎仇恨言論的對象。

「提供成為社會邊緣人的女性工作機會」不過是狡辯。援助成為社會邊緣人的女性應該是行政單位或是社會福利機構的工作，性產業沒有必要也沒有義務要負起這種責任。顯而易見，恐龍應召站越多，性產業越會朝不好的方向前進。媒體和業界相關人士不應該以「有趣」為理由，吹捧出未來無法負責的做法。這種想法是短視近利的……

從書評的內容可以知道，我對於恐龍應召站的批判極為嚴苛。但是，總監在讀完書評之後卻如同文章開頭所述，直接聯絡我。

老實說，總監直接和我聯絡實在嚇了我一大跳，不過，我還是選擇接受對方的好意，親自到他的應召站裡進行採訪。一方面是覺得，單憑間接資訊批評對方的確有失公允；另一方面則是，本次出版的書籍以及其他媒體關於 DEADBALL 應召站的報導與資訊，一直以來總讓我心生疑竇，很想一探究竟。

DEADBALL 應召站的聯絡處兼休息室，距離 JR 鶯谷站步行約五分鐘，位於住商混合的大樓中。打開沒有招牌也沒有門牌的大門，映入眼簾的是五位男女坐在辦公桌前盯著電腦，忙碌地接聽電話。前來迎接我的總監身穿黑色西裝，看起來就像是一位可怕的黑道人士。其實總監原本是在大公司上班的上班族，他在二〇〇九年辭去上班族的工作，開始經營 DEADBALL 應召站。

在實際採訪總監與旗下應召小姐時，我所看到的卻是完全不同於媒體報導呈現的「恐龍應召站」的另一番樣貌。

「專屬造型師」與「回頭客」

DEADBALL應召站備有專屬的造型師，免費為旗下小姐美髮與化妝。相信不少讀者看到這裡會覺得很奇怪，既然是主打「肥女、醜八怪、老太婆」齊聚一堂的恐龍應召站，為什麼還要美髮和化妝呢？直接讓小姐素著一張臉去接客，「恐龍度」會更高，尋芳客應該也會更高興才是。

其實，DEADBALL應召站雖然主打「恐龍應召站」，實際上為了「肥女、醜八怪、老太婆」前來的尋芳客反而是少數。把預約DEADBALL應召站服務當作懲罰遊戲的買春客，每個月也不過幾個人而已。大多數的男性追求的和一般廉價應召站一樣，是想用便宜的價格「玩女人」。

這裡的尋芳客年齡橫跨二十多歲到七十多歲，買春客和應召小姐會約在JR鶯谷站北口見面。我觀察了一下這地方，我發現來往人群中似乎以三、四十歲的上班族居多。據說單身、家庭不睦、在公司累積壓力等，心中隱含寂寞的男性會前來 DEADBALL 應召站尋求慰藉。這一點和一般的應召站並無不同。

順帶一提，目前 DEADBALL 應召站的客人九成以上是熟客，熟客平均每個禮拜來五、六天。但是，無論是多麼便宜的廉價應召站，天天買春還是一筆不小的費用。所以，這類男性明顯是打腫臉硬充胖子，無法持久，最多只能撐一年。有人甚至因此欠下大筆債務，最後為了還錢而來 DEADBALL 應召站當員工。

DEADBALL 應召站不僅是旗下小姐，應召站本身也有愛好者。單純走「肥女、醜八怪、老太婆」路線的應召站，不可能出現這麼多常客。這裡號稱「恐龍應召站」，只是吸引媒體注意的方式與促使尋芳客打電話的誘餌。DEADBALL 應召站本身其實是個普通的廉價應召站，它對外的宣傳方法雖然經常採用歧視女性的言論，其實是正派經營的優良情色場所。總監露出得意的笑容表示：「雖然宣傳標語是『致想戒掉尋花問柳習慣的人』，其實根本沒這個意思。」

嘲笑女性的外貌與經歷，標上乍看之下彷彿歧視的標語，其實都是吸引和促使尋芳客指名、提升營業額的「點綴」，而不是真心嘲諷這群性工作者。總監表示：「來到DEADBALL應召站的女性，一星期之前還是其他家應召站旗下的小姐，在那裡賺不到錢才跳槽。我們的任務是強調她的『特色』，再把她打造成受尋芳客歡迎的女性。」

跳槽也沒關係？

DEADBALL應召站制定了許多降低旗下小姐流動率的制度。例如，根據指名次數加薪等等。比起想在短時間內靠應召小姐賺一筆，提供她們得以長期穩定工作的環境也有助於提升營業額。

在性產業裡，性工作者不告而別是理所當然的。因為，「討厭員工」或「討厭應召站」，就一時衝動離開。這些不告而別的女性跳槽到其他店工作不見得此後就能一帆風順，許多人往往因為「曾經不告而別」而在各家店輾轉流連。考量到這一點，DEADBALL 應召站對於曾經不告而別的旗下小姐採取寬容的態度。總監表示，「希望她們覺得還是 DEADBALL 應召站最好。」

應召站旗下的應召小姐大多工作年資很長就是最好的證明。其中包括六年前開幕時，原本從事性工作，現在則轉換跑道改當內勤人員的女性。

通常錄用十個人，一星期後會有兩個人辭職，三個月之後只剩下一半。留下來的女性當中，高達八成的人一年後還會繼續在此工作。換句話說，一年之後剩下四個人。總監對內勤人員的指示是「錄取後的第一個星期一定要好好照顧小姐」。關鍵在於，一星期之後到收入開始出現差距的第一個月，以及進入穩定期的三個月之內，可以觀察應召小姐的收入與指名率的變化，主動提供關懷與站在對方的角度給予改進建議。

DEADBALL 應召站中負責關懷旗下小姐的員工共三人，她們原本都是店裡的性工作者。她們負責聆聽這些小姐絕對不會告訴總監或是其他男性員工的心情，成為一個讓應召小姐抒發工作壓力的管道。

這些關懷員工的錄取標準，是從事性工作時有一定程度的指名率和沒有精神疾病。總監表示，「雖然店裡旗下有這麼多小姐，關懷員工卻是百中取一。如果出現適合擔任關懷員工的小姐，就算指名率再高也會請她來擔任員工。」

我在休息室採訪了其中一位關懷員工，她是在四十多歲時前來 DEADBALL 應召站應徵的，在此之前毫無性工作的經驗。她在從事性工作兩年半之後成為內勤人員。她選擇 DEADBALL 應召站的原因是，在網路上搜尋「四十多歲沒有性工作經驗」時，DEADBALL 應召站的徵才條件註明會錄取像她這種條件的所有人。當她還是性工作者時，據說指名者眾，十分受到尋芳客的歡迎。

「我還是應召女郎時會刻意避開其他人，只和特定的人聊天，以免惹麻煩上身。當上內勤人員之後，我才開始跟其他小姐說話，大家的話題內容多半是抱怨店裡的工作人員（笑）。」

賣春「恐龍」的真面目

每個月平均有二十名左右的女性前來應徵。由於只要有身分證就錄取，基本上是當場錄取所有人和請她們立刻開始工作。

順帶一提，來應徵的女性中九成曾經從事性工作，但大多或多或少有些心理問題。面試資料表上除了要填寫現在的生活費、房租和水電瓦斯費之外，還要填寫期望收入。大多數女性的要求很實際，希望每個月能賺日幣十到十五萬元。曾經有一位經歷過應召站泡沫時代的女性應徵者，豪氣地寫下八十萬元的數字，實際上當然不可能賺到這個金額。

DEADBALL應召站原則上錄取所有來應徵的面試者，然而錄取並不代表馬上會有錢入帳。在應召站的接客率是每位應召小姐平均一天的接客人數是一．八人。每天出勤的小姐約五十人，有的人一天接到三個客人指名，有的人一個客人也沒有。大多數的小姐一天不見得都能接到一次客。

DEADBALL應召站要求旗下小姐以「打擊率三成的打者」為目標。意指每接到十名新客人，要確保其中三人下次還會指名。獲得四成以上回頭客的應召小姐，每個月的薪水就能穩定維持於日幣三十萬到四十萬元之間。回頭率不到三成，收入就會大幅下降。例如，某位女性錄取後的第一個月接了五十位新客人，大受歡迎。可是她幾乎沒有任何回頭客，第二個月之後收入就驟降為零。

DEADBALL 應召站主打「旗下小姐的水準是全日本最低」，在東京都內屬於業界的底層。應召站旗下小姐的外表不消多說，自然不是美女，也不懂特別的床事技巧。「打擊率四成」和回頭率不到四成的小姐之間，外貌並無太大差距。許多人身上還有自殘的痕跡和刺青，卻不影響其接客或指名率。

因此，接客的關鍵在於服務期間與尋芳客的談話是否愉快，能否與客人建立良好的溝通關係。DEADBALL 應召站的交易時間設定較長，主要是七十分鐘或一百分鐘，對於擅長聊天的女性較為有利。

旗下小姐溝通能力有問題者還是大有人在。店裡曾經有一段時間必須先行指導應召小姐休息室的使用方法等集體生活規範，而非接客禮儀。有些人會因為當天心情不好而大吵大鬧，也有人會專門找工作人員的麻煩。順帶一提，幾乎沒有小姐因為進入 DEADBALL 應召站而改善溝通能力。但是，無法和工作人員溝通的小姐，有時卻能和特定的客人順利交流。

不懂化妝也不會做愛？

有些應召小姐因為之前從事的是超級市場食品處理部門等，必須為了衛生清潔而不化妝的工作，所以根本沒有化妝的習慣。也有些小姐是不懂化妝的基本常識，總是粉底塗太厚或是腮紅畫起來像是兩面日本國旗。這群人由於種種原因錯過了包括化妝等學習變身為美麗女性的時機與機會。

我在休息室採訪旗下小姐時發現，有人年過三十依舊沒有性經驗，她是以處女之身進入性產業的。但性產業販賣的是女人味，不懂床事也不會化妝的女性，就算有心工作也賺不了多少錢。

為了多少提升此類女性的收入，DEADBALL 應召站於是聘請專屬的造型師及提供免費美髮與化妝的服務。但是，這些小姐缺乏化妝的經驗與習慣，還會嫌麻煩和討厭化妝，不願意接受服務。總監嘆氣表示，「我希望她們不要把賺來的錢當天花光光，至少買支便利商店賣的口紅給自己……」紅牌小姐會投資自己，不斷往上爬；不受歡迎的女性卻不懂得投資自己，又因為不懂得要投資自己而賺不到錢，心靈就益發脆弱。

結果，指名都集中於本來就懂得下工夫和原本就有救的女性。總監苦澀地表示，「本來是為了打破這種情況才聘請造型師的……」

「恐龍妹」的困境

因為「拿得出身分證就錄取」而前來應徵 DEADBALL 應召站的女性，據總監的說法是——「沒想到這些人居然能活到現在。」

總監面試這些女性的第一句話是詢問對方目前服用的藥物，確認是否服用抗憂鬱藥和鎮定劑以及服用的劑量。先釐清這些女性是否罹患心理方面的疾病，如果身體不適想請假時就不用再找藉口。如果是職場環境迫使員工得撒謊才待得下去，最後員工一定會辭職。總監表示，「來面試的人大多不願意坦承罹患心理方面的疾病，因此，面試的關鍵在於面試官是否能問個水落石出。DEADBALL 應召站的特色是，錄取前一定會先釐清員工的心理狀態。」

DEADBALL 應召站旗下的小姐，往往因為睡眠障礙、憂鬱症、極度嚴重的低血壓與藥物的副作用導致「早上起不來」。例如，某位小姐原本是電子工程師，因為睡眠障礙與憂鬱症而離職。她還欠下大筆卡債，只靠著住在房租與生活費較便宜的合租屋裡勉強生活。她曾經做過網站架設助理的兼差，藉此賺取生活費，卻因為在工作時睡著而遭到開除。包括在 DEADBALL 應召站的薪資，目前她的年薪不過日幣八十萬元，就算想申請破產，也要花上日幣數十萬元的手續費用，因此無法下定決心。

旗下小姐約六到七成服用安眠藥等藥物。總監原本是大公司的上班族，幹部研習時學到對抗憂鬱症的對策就在此時派上用場。店長和其他員工必須熟悉藥物名稱、功效與副作用，否則很難順利管理旗下小姐。

除了心理疾病，沒有牙齒或是肥胖者也不在少數。一問這些女性後才知道，她們會變成這樣，是因為幼年時家境貧困，受傷或生病時也無法接受治療，或是長期飲食不均衡而導致。父母原本就不承認她們已罹患疾病或身心障礙，甚至否定她們要為了治好自己而吃藥。

貧困與肥胖乍看之下毫無關聯，然而有一說，是低收入戶經常攝取價廉、熱量高的速食與垃圾食物，反而容易肥胖。肥胖的女性通常從小就肥胖，也因為如此，長期因為身材而遭受到學校、社會的歧視和霸凌。

客人要求「做全套」時，快逃！

廉價應召站的性工作者必須在賓館的密室中與初次見面的客人一對一相處。不懂禮貌的客人比例極高，遇到要求應召小姐做全套更是家常便飯。許多客人根本是把「讓我上一次」當作打招呼，有些人甚至會語出威脅，強迫對方就範。

DEADBALL 應召站為了保護旗下小姐，於是教導小姐在服務過程中如果發生問題就尿遁，或趁客人不注意時打電話回店裡求救。連電話都不能打的緊急狀態就按下通話鍵，並保持在通話狀態。應召站員工只要接到這種電話就知道發生了什麼事。由於應召站員工通常都知道交易的房間號碼，就能馬上衝進賓館房間救人。

在面試這些女性時的說明不是實戰。有些人實際遇到時會因為客氣與恐懼而不敢打電話，部份年輕小姐則會為了一點瑣事而馬上打電話。另外，也有的人會選擇自行與客人談判、解決問題，不全靠應召站幫忙解決。

每個月工作人員接到求救電話出動的次數是四到五次，由於性侵或性侵未遂而報警的次數則是二到三次。

壓著惡劣的嫖客去警察局時通常不會報案，而是要求對方在警察面前寫下字據保證會支付性工作者的醫藥費（緊急避孕藥與檢查性病的費用）。雖然偶爾會有不付錢就逃走的混帳，但有前科的性侵犯倒是從未逃走過，據說是因為犯人本身也有做錯事的罪惡感。

另一方面，就算保護小姐不受尋芳客侵犯，小姐若主動提出可以做全套就沒辦法了。有些人可能無法抵擋「做全套就能獲得指名」、「賺更多」的誘惑。如果買春客一直對認真工作、不做全套的小姐說：「上一個小姐願意做全套，你也讓我上一次吧！」該名小姐不僅會因此士氣低落，更覺得做與不做都會事關應召站的信用。

如果直接問疑似做了全套的小姐：「你有做全套嗎？」只會得到「沒有」

的回答。因為沒有任何證據就無法嚴厲苛責她。

如果有需要，應召站會請交情好的廣告公司男性員工化身為「祕密客」，指名客訴多或是疑似做全套的小姐。

前一章提及的廉價應召站「「三九集團」」遭到掃蕩時，好幾名三九旗下的小姐來應徵 DEADBALL 應召站。當時也請來祕密客幫忙，確認那些小姐是否做了全套。畢竟直到昨天還在做全套的性工作者，無法保證她們換了一家應召站就不會做全套了。

灰色的賺錢地帶

除了做全套和暴力等違法行為，情色場所禁止的主要是「性工作者厭惡的行為」。每位女性「厭惡的行為」不同，難以統一規定，而且，同樣的行為，有的人能接受，有的人卻覺得受到侵犯。

DEADBALL 應召站的員工也曾遇過，接到小姐求救電話後就出動，衝進賓館房間，結果反遭客人質問：「為什麼上一個小姐可以，今天的小姐卻不行？」「明明行為和之前一樣，為什麼今天不可以？」

旗下小姐抗議過的客人再度指名時，工作人員會以「指名已經額滿」為藉口拒絕。對方如果堅持一定要指名同一位小姐，工作人員會坦承，「對不起！那位小姐拒絕您的指名，請指名其他人。」如果是許多旗下小姐都接二連三拒絕的客人，工作人員會在詢問小姐們的意見後，禁止該名客人再度消費。

保護旗下小姐的確需要釐清客人的行為是否可被接受，但過於明確卻可能導致當事人賺不到錢。這一門生意成立的理由在於無法完全劃清界線，因為某些小姐無法接受的客人，卻可能是帶給其他小姐長期豐厚收入的「肥羊」。而「肥羊」和「奧客」之間可能只有毫釐之差。

DEADBALL 是夢想企業

如同前文所述，DEADBALL 應召站準備了許多提高旗下小姐士氣的制度，也提供各類援助以利其就業。然而，有幹勁的人通常不需要特別制定的制度也能認真工作、努力賺錢；而做不來的人，無論總監等人如何援助就是做不來。總監表示，旗下小姐幾乎沒有人清楚何謂「訂定工作目標」和「訂定工作期限與目標金額」。她們不了解什麼是「先行投資」，只懂得短視近利。許多人連設定三個月的工作期限都無法接受，反而嫉妒與攻擊小姐中的「紅牌」。即使他們一再重複說明——「不要把自己賺不到錢的理由怪到別人身上」，也沒幾個人聽得懂。

儘管如此，這群人還是無法辭去 DEADBALL 應召站的工作。她們不懂得如何守時與管理金錢，習慣性地遲到與翹班，如此一來，唯一會收容她們的就只有廉價應召站了。在如此情況下，總監認為，只要整體的一到二成旗下小姐能賺錢就好了。

「我不是神，沒想過要拯救所有旗下小姐。但是在這群無可救藥的人當中，偶爾會出現敗部復活的人。以前在其他店賺不了錢的人，來到DEADBALL應召站卻改變了人生。這聽起來或許像在說大話，不過敝店的目的之一就是『提供這種人機會』。」

一直遭受到其他應召站拒絕的女性、以前從事性工作卻完全賺不到錢的女性，來到DEADBALL應召站反而揮出逆轉滿壘的全壘打。這種情況可說是種「DEADBALL夢」。

總監從未改變「援助努力的女性」的態度：「我沒有意思要擔任貧困女性的社會安全網，也不做自以為是的事，不說漂亮的場面話。但是，我有心要幫助她們。對於願意長期工作、喜歡DEADBALL應召站的人，我會想辦法幫助她們，也希望她們藉由跟造型師的對話中學習如何改變外貌，慢慢改善。」

應召站無法因為應召小姐生活困苦、欠錢或殘障而特地安排客人。強迫努力的人忍耐，讓不努力的人也有錢賺並不公平。原本女性在性產業中不是雇員也不是公務人員，而是自營業主，所以不可能每個人的薪水都一樣。

「對於不願意努力的人，我們雖然會伸出援手，但是不會勉強對方。」

和客人談戀愛是一種救贖

至於無法靠 DEADBALL 夢改變人生的女性，還有機會獲得救贖嗎？其中一條路是和尋芳客談戀愛。

據說，旗下小姐還蠻多人跟客人談戀愛。原本不少客人上門的理由就是「找女朋友」。有些人會約小姐：「不要透過應召站，我們私下在外面見面吧？」「我希望你來我家。」「希望你做飯給我吃。」除了這些明顯就是來找對象的客人，加上心想：「如果運氣好還能談戀愛的話」的客人，推測將近八成的客人是為了「找女朋友」而來的。

某位應召小姐曾經遇過客人三番兩次地表示，「總有一天我會讓你知道我是一個好男人。」結果在他讓小姐知道自己是個好男人之前就被禁止指名。許多客人會因為對象而改變態度，乍看之下害羞或一直以來都表現良好的客人遇上年輕女性或沒經驗的菜鳥，有時會態度丕變，行為舉止屢屢踰矩。

從和應召小姐談戀愛的那一天開始，應召站就成為尋芳客的「眼中釘」，覺得是「一群強迫我女人賣身的混帳，不可原諒！」。即使應召小姐不過是打電話給應召站的工作人員，也會遭到男方嫉妒，認為「是不是背著我做什麼不要臉的事？」這些話聽起來很可笑，簡直不知道該從哪裡說起，但對方卻是認真的。

應召站基本上是禁止旗下小姐跟客人交換個人聯絡方式與戀愛的，但是不會嚴格取締。應召站的基本態度是——想交往就交往。雖然不到「見得到的偶像」的地步，不過有些男性應該是因為「釣得到手的醜女」而來（總監的意見）。因為和尋芳客談戀愛而辭去工作，店方也不會阻止。儘管不會嚴格禁止旗下小姐和客人談戀愛，總監卻不願意公開同意辦公室戀情。因為之前也有過工作人員事後報告和旗下小姐談戀愛的例子。

麻煩的「恐龍」？

工作人員和旗下小姐談戀愛的例子大多可以長長久久，和尋芳客談戀愛的小姐則往往馬上就分手、回到應召站。在買春客當中，除了想控制、束縛女性的人之外，有的人甚至是打著「吃軟飯」的主意，其中應該也包括想找「砲友」的人。

性工作者想在廉價應召站找女友的男性當中發現如同白馬王子的救世主，或是彷彿很厲害的社工援助，簡直難如登天。就算和尋芳客交往，一個不小心也會陷入家暴、虐待或是遇到跟蹤狂等的困境。應召小姐和尋芳客發展為私底下的人際關係時，出事時就無法獲得應召站保護，必須自行承擔所有風險。仔細想想，真正的「麻煩」或許不是應召小姐，而是尋芳客。

尋芳客之中當然也有誠實的男性。以前曾經發生過罹患思覺失調症的應召小姐失蹤，警方發現時，應召小姐身上只穿了一件運動服還光著腳。應召站的工作人員前往接回時，應召小姐卻大喊大叫，「不想看到你的臉！」而逃走，之後又受到車站前的派出所庇護，最後送進隔離病房治療。事後，應召站接到一名男性想確認該名小姐近況的電話，才知道兩人原來是男女朋友的關係。最後他成為該名小姐的援助者，協助領取低收入戶救濟津貼等社會福利。但是這種例子是鳳毛麟角。

結果為了無法自行努力的人制定不用努力也能賺錢，或獲得救贖的制度，簡直如同天方夜譚。無法自行努力的女性只能和尋芳客談戀愛，嘗試以高風險的方式改變人生。但是，無法獲得指名的人卻連賭一把的機會也沒有。

由於疾病、殘障、成長環境或是經濟問題，而無法努力。換句話說，是無法自行努力的女性才會淪落到要去恐龍應召站工作。進入應召站之後，等待她們的殘酷現實卻是「必須自行努力才能改變人生」。而明明造成她們遠離互助與社會福利，連自行努力都做不到，淪落為「麻煩的恐龍」的——正是我們這個社會。

應召站老闆化身社工？

彙整前文可知，專賣「肥女、醜八怪、老太婆」的恐龍應召站，如果只看表面就和同我之前寫的書評一樣，是充斥歧視與違反社會善良風俗的生意。然而，進一步挖掘後就能發現，其真相是近乎「社工」的應召站。換句話說，恐龍應召站的老闆是化身為社工，嘗試以正式的社會福利制度，或是半正式、非正式的方法來滿足旗下小姐的需求。社工和DEADBALL應召站的關係就如同銅板的正反兩面。

外表長得抱歉的年長女性想進入性產業工作，只能反過來利用男性黑暗的一面——仇視女性、歧視、控制、渴望認同，與對於性病的無知和缺乏了解。

因此，想讓這群女性利用性工作獲得收入，就不得不採取恐龍應召站，這種乍看之下歧視女性又違反社會價值觀的方式推銷。越是為她們著想，越要配合她們複雜的需求越貶低她們、迫使個人暴露在風險之下。我把這種矛盾的情況稱為「DEADBALL應召站的矛盾」。

恐龍應召站的確是女性擺脫貧困的方法之一。但是，性產業複雜的如同聯立方程式，恐怕並未存在拯救她們和增加收入的正確解法。但是，正確解法難以理解又不為社會所容。不了解實情的人看DEADBALL應召站，恐怕會覺得和上一章介紹的「「三九集團」」應召站一模一樣吧！

援助與壓榨的界線

針對複雜環境中所發生的複雜問題，解決方式自然也會隨之複雜。然而，解決方式越是複雜，越是必須區分真心話與場面；越是難以為社會大眾所理解，而遭到誤會、抨擊，甚至被警方掃蕩的風險也會大大增加。

總監曾經擔任過旗下小姐的保證人，協助她們領取低收入戶救濟津貼，或是小姐上了警察局時負責去接人回來。對於沒有住處的小姐就讓她們住在休息室一事，他也和警方說明過「旗下小姐有很多這種人」，並無違法情事。

警方也提醒過總監：「援助窮困女性是件好事，但援助和壓榨只有一線之隔，你自己要小心拿捏。」錄取貧困女性進入恐龍應召站工作，還讓她們住在休息室裡，只要一個不小心的確會遭人解讀為「壓榨」，而非「援助」。

支援和壓榨的界線通常是由外界人士在事後決定的。DEADBALL應召站之所以對於採訪與批評採取開放的態度，或許就是想藉此刻意暴露於社會大眾的監視下，以免越界。

如同前文所述，性產業所發生的問題不是特殊情況，而是充斥於一般社會的平凡問題，只是難以解決。由此可知，性產業所發生的問題，無法單憑業界的邏輯與常識解決。想憑著業界內部力量解決的人，一定會遇到所謂的「DEADBALL應召站的矛盾」。而是站在援助與壓榨的界線上，小心翼翼地跨步，深怕踩過界。

那麼，究竟該怎麼做才能解決「DEADBALL應召站的矛盾」呢？下一章將採訪旗下小姐皆為四十歲以上中高齡婦女的「熟女應召站」老闆，摸索解決的辦法。

證言

歌舞伎町與地區營造

日本東京申請舉辦奧運成功之後，新宿歌舞伎町等東京都內的紅燈區，隨即充斥各類關於奧運會對性產業會帶來何種影響的臆測與意見。

分析過去的歷史，紅燈區與性產業深受奧運與世界博覽會等國際活動的影響。例如，一九七二年，札幌冬季奧會運帶動札幌的紅燈區薄野發展；一九九〇年舉辦大阪花卉博覽會，卻大舉掃蕩，導致大阪府所有的泡泡浴店全部歇業。

部份人士認為，政府會因為二〇二〇年的東京奧運，以「淨化社會治安」

的名義，對歌舞伎町或吉原進行紅燈區的管制或加強取締；也有人認為，除非東京都知事換人，否則不會提出任何新對策。另一方面，也出現主張「性產業應該準備針對外籍觀光客的服務」。

有鑑於此，我即前往拜訪記者寺谷公一——他同時也是歌舞伎町禮賓委員會營運事務局的局長，負責在東京奧運即將來臨之際重整歌舞伎町的環境。

歌舞伎町的風險管理辦法

歌舞伎町號稱「亞洲最大的紅燈區」，在目眩神迷的霓虹燈與人潮中，緊密林立多棟住商混合大樓，充斥無數的餐飲店與聲色場所。初來乍到的人根本無法分辨哪些店安全、哪些店危險；更無法分辨哪些店是黑道管理、哪些店是正派經營又或是處於灰色地帶。

當地的行政單位和商店街振興公會，期盼觀光客前來歌舞伎町消費，卻又擔心一不小心會介紹到黑店，導致向觀光客敲竹槓的事件發生而鬧上新聞。

歌舞伎町有許多公會，但這些公會也無法保證店家是否正派經營和是否與黑道無關，就算想編纂區域指南也難以著手。

寺谷因此建立了名為「歌舞伎町禮賓委員會」的中立團體，發生問題時就由委員會負起責任。如此一來，當地的行政單位或公會，在事件發生時就不需要出面負責。

當地的行政單位與公會於是出資，由歌舞伎町禮賓委員會和歌舞伎町商店街振興公會負責編輯，出版了官方的歌舞伎町完全指南——《LIKE! KABUKICHO》（日文版與英文版合計共印製八萬本）。

指南是由寺谷負責製作，刊登他個人熟悉的店家。乍看之下似乎是假公濟私，他卻表示這種做法是最安全的。

寺谷表示，判斷歌舞伎町的店家「安全與否」的標準，不是店家本身的情況或行業，而是「人」。

「歌舞伎町無論是好、是壞，還是危險的事物，全都跟人有關。店家背後不是黑道，而是人。所以，認識特定的人就有得靠；不認識特定的人就可能遭遇到潛入。一切都是建立在『人際關係』上。

指南裡刊登了酒店和牛郎店。這些聲色場所的老闆都有複雜的過去，沒有人過去是一張白紙。

我曾一一詢問過所有人的經歷，每個人都對我開誠布公，所以值得信賴。如果經營十年以上，情況也很穩定，就算是足以讓人放心前往的店了。其實酒店等聲色場所容易監督，難以了解的反而是餐飲店。因為餐飲店有許多保護色，反而不透明。性產業卻出乎意料地坦白透明。」

消滅「敲竹槓」非常重要

> 由於成立中立團體，負起介紹店家的責任，才得以提供觀光客前來歌舞伎町也能玩得安心的場所與資訊。然而，敲竹槓或是黑道勢力等歌舞伎町內在的風險再怎麼減少，也不可能歸零。歌舞伎町禮賓委員會又是如何處理此類風險的呢？

「今年一月以來，敲竹槓事件大幅增加，損失的金額是一個人約日幣五十萬元，五個人就損失了日幣二百五十萬元。性產業也出現敲竹槓的行為，不過還是以酒店居多。截至目前為止，發生了一千五百件敲竹槓事件，若以一個人損失日幣五十萬元計算的話，總計為日幣七百億元。

禮賓委員會和旅館共享關於敲竹槓的資訊。會敲竹槓的店經常換名字，所以要求旅館人員一一記下店名是不可能的事。但可以鎖定敲竹槓的店家集中的大樓，請旅館人員提醒客人不要去那些大樓消費。

至於東京奧運對歌舞伎町的未來會造成何種影響，我個人希望是沒有影響，因為，希望沒有影響才能執行面對發生敲竹槓事件的對策。如果無視現在的情況，之後一定會搞到有人死亡。如果發生死亡事件，一定會導致政府對歌舞伎町的所有商家執行『淨化』大作戰，而非只針對會敲竹槓的店。所以，在出大事之前，必須先抑制會敲竹槓的店。」

關於東京奧運與性產業的另一個議題是：如何應對外籍觀光客？歌舞伎町現在已成為外籍觀光客喜歡的人氣景點，當地店家對於他們又是採取何種態度呢？

「歌舞伎町其實不是觀光景點，幾乎所有性產業的店家都不接受外籍觀光客上門。我們也在思考，泡泡浴店在自家網站上究竟該放在哪一項分類，又該如何介紹。

在此種情況下，今年就出現考慮接受外籍觀光客的泡泡浴店。有些店家已經開始提供服務，也有店家最近才要開放。甚至有人提議，開設專門服務外國人的泡泡浴店。我覺得做到這個地步又太醒目了，最好不要。不過，近來歌舞伎町的性產業已經出現許多外國客人了。沒有對應外國客人的制度，客人就容易遭受到惡質店家的敲竹槓收費，導致歌舞伎町的惡評傳遍全世界。為了避免發生這種事，我們應該事先準備好。

接受外國客人上門的泡泡浴店，會在交易之前請客人在一張Ａ４的文件上簽名，保證一定會和小姐溝通，因為，缺乏溝通的沉默服務是難以吸引客人上門的。除此之外，還有性病的問題。該如何管理外國客人與服務他們的店家，這些應該會成為在紅燈區性產業生存的課題。」

分散與避免風險

歌舞伎町的經濟結構十分獨特，客人所喝的每一杯酒，背後不僅是提供酒類的店家，還包括負責招攬客人的人、店家介紹所、掮客、房地產的管理公司、出借名義的仲介等龐大勢力，共享利益。

根據寺谷表示，這些複雜的結構都是為了避免風險而於事後發展出來的結果。例如，大樓的房東想避免租給違法店家的風險。但是，現實生活中不可能把風險降到零，於是房東決定採用「不知情」的方式來推卸責任，因此也催生了以「出借」為名義的仲介。

面對在紅燈區做生意的風險，評論的結論是增加相關人士與組織分攤利潤與風險。性產業之所以難為外界看清與理解，也是基於相同的理由。

寺谷表示，「想賺錢卻不想曝光的大樓房東與店家老闆，刻意讓社會大眾更難了解性產業。」店面型應召站的衰退與外送型應召站取而代之，都促使性產業越來越難為一般人所觸及。對於想要分散與避免風險的大樓房東與老闆而言，或許更方便，但過度掩蓋卻也導致性工作者的風險更不為人所知。

「我認為，平成十年（一九九八）修改《風俗營業等規則與業務適當化相關法》時，承認外送型應召站是一大敗筆，性工作者的工作環境也隨之惡化。外送型應召站號稱沒有提供性交易的空間，結果還是有些店家租下套房做生意。既然如此，還不如承認店面型應召站。但是，承認店面型應召站必須修法。其實店面型應召站最能保障性工作者的安全，現在的法律卻連改裝既有的店鋪也不行。」

「不想讓客人留下不愉快的回憶」

電視媒體和報章雜誌經常報導歌舞伎町的敲竹槓事件，其實新橋、池袋、赤羽和六本木等，東京都內的其他鬧區也都發生過相同的問題，發生的事件數量也差不多。然而，其他地方發生敲竹槓事件並不會成為話題，因為報導價值天差地遠。

社會大眾認為，在歌舞伎町發生的事件「只」會出現在當地。這或許是歌舞伎町的宿命，無法扭轉眾人的偏見。寺谷表示，「歌舞伎町是背負這種宿命的街道。」

「歌舞伎町約有六百棟大樓，會敲竹槓的店家就進駐了其中約三十棟大樓，一共是整體的百分之五。從比例來看，這點數量不算什麼。

這些會敲竹槓的店留在歌舞伎町不會消失在鬧區一隅，至少還在我的眼皮底下。但是，如果他們跑去赤羽或新橋，我就看不到了。發生在『看得到』的地方，至少比『看不到』的地方容易管理。

歌舞伎町裡存在不良少年、會敲竹槓的店、黑道流氓或是地痞混混（不屬於黑道組織但屢屢犯罪的集團）都無所謂，我會讓他們難以作惡。但是，太難以作惡又會跑到其他地方去，因此，該如何阻止他們會是一個難題。同時，不能讓他們過於暴露在世人目光下。我覺得性產業也並未要求曝光。

順帶一提，安全和公開是兩碼子事。看得到並不代表安全，看不到也並不代表危險。」

不只是歌舞伎町，性產業如何在曝光與否之間取得平衡又是一個整體的課題。性產業的秩序必須在模糊地帶摸索，至於「與一般社會共存」這一點又該如何取得平衡呢？

「向尋芳客敲竹槓敲到五十萬元，實在太多了。十萬塊以下或許勉強可以接受；五萬塊的話，可能過了好幾個月都還能拿來當成笑話說：『唉呦，我被敲竹槓了。』

而站在取締的立場不能說這種話，會破壞當地的秩序，必須反覆強調，『絕不容許敲竹槓』、『消滅違法性產業與拉客』。就算秩序良好，敲竹槓和拉客的行為還是不可能消失；反之，禮賓委員會之所以成立，就是因為有敲竹槓和拉客等行為。

不只是歌舞伎町，敲竹槓或地下賭場也是當地資源的一部份。所有歌舞伎町相關人士的共識，總結成一句話就是──『不想讓客人留下不愉快的回憶』。只要遵守這句話，關上門做什麼都可以。

當前這個時代，這句話不能大聲嚷嚷。正確的做法不是先提出正確答案，而是一邊控制秩序，持續嚴格取締會敲竹槓的店家。如此一來，就能找到真正的平衡點。我們正嘗試以這樣的方式管理歌舞伎町。」

透過歌舞伎町禮賓委員會的案例可知，性產業摻雜黑、白與灰色。想要藉由制定制度來解決性產業的問題，並採取以前「貼上標籤加以攻擊」的做法，根本毫無幫助。

而參與重建紅燈區的最基本條件，或許是保持「灰色的理性」——不會硬把無法洗白的領域硬是洗白的現實主義，加上不默認與擱置黑色領域的理想主義。

第五章

熟女應召站

女人，五十二歲才開始

面對媽媽，什麼話都說得出口，也能回到光溜溜的嬰兒時代向媽媽撒嬌。「具備母性與女性魅力的女性」所向無敵。後藤強調，「這是熟女應召站最大的賣點。」

我和後藤（四十七歲）約在池袋北口剪票口前的咖啡廳見面。他身穿一身筆挺的西裝，準時現身。他有一頭梳理整齊的頭髮、戴著眼鏡、低調和有禮的態度，彷彿負責企業融資的銀行員。其實他不是銀行員，而是在東京都與關西有多家分店的「媽媽應召站」集團之「熟女應召站」的代表董事。

「媽媽應召站集團」一共有數百名性工作者，都是人稱「熟女」的中高齡婦女，年齡橫跨四十多歲到七十多歲。

集團的目標是「成為當地最優良的『熟女應召站』」，因此，會嘗試許多先進的做法，打造讓熟女方便工作、尋芳客容易上門的環境。

為了徹底預防性病，該應召站提供業界首創的「安心玩法（全程戴保險套和沒有濕吻）」，全程不會碰觸，客人和應召小姐都不需要擔心會感染性病。而接受應召站性病檢查的客人，從檢查當天起三個月，消費可享折扣。出勤的應召小姐會被要求隨身攜帶附有GPS的警報器，用以保護自身安全。

「媽媽應召站」符合社會規範的營業態度大獲好評，在ＮＨＫ的節目《Heart Net TV》製作女性貧困問題的特輯時，甚至還採訪在該應召站工作的四十多歲單親媽媽。

如同前文所述，熟女應召站和哺乳媽媽應召站、恐龍應召站一樣，也是一個生活上有困難的中高齡婦女齊聚一堂的世界。一般性產業的賣點是女性的年輕肉體與美貌，中高齡婦女在先天條件上則屈居弱勢。但是，有些性產業還是能「發揮」這些女性的優點，保護她們的生活與安全並獲利。

分析優良的熟女應召站或許能發現，年齡和身體條件不佳的女性也能在性產業安心工作的方法，以及克服第四章所發現的「DEADBALL應召站的矛盾」的訣竅。於是，我聯絡代表董事的後藤是否願意接受採訪？面對我突如其來的要求，對方自始至終都十分親切。

「女人五十二歲才開始」

我所採訪的「媽媽應召站」池袋店，旗下共有九十二位應召小姐，平均年齡為五十二歲。目前的客群是新客一成、指名三成、不特別指名的常客占六成。

服務收費是六十分鐘日幣一萬元起跳，小姐領取五千五百日圓。指名排行位居前面的小姐當中，薪水最高者每個月會獲得六十到七十次指名。底薪加上指名獎金，月薪約為日幣七十萬元。但是，現今的日本社會，幾乎不可能讓既非老闆也不是高級技術人員的五十多歲女性，每個月賺七十萬日圓。

「受歡迎的女生大多是五十多歲，沒有四十多歲的。生意最好的是五十多歲的女生，我想這是因為，客人都明白敝店的賣點是『熟女』。」

後藤叫這些年過五十的應召女郎——「女生」一事，令我印象深刻。

「我個人主張『女人五十二歲才開始』。女性到了五十歲開始出現更年期的症狀，即將停經，臉上也出現法令紋、胸部下垂，還有妊娠紋。她們在女性魅力即將消失的瞬間，就想證明自己還是個女人。平時覺得在床上的各種行為很下流低級的普通人妻，在服務尋芳客的床上卻化身為野獸。這種情景最為刺激，也最吸引男性。」

二十多歲的女性也就算了，五十多歲的女性體力已經開始走下坡。每個月真的還應付得來六、七十名客人嗎？

「身體不好的女生，一天最多只能做兩次；但是受歡迎的女生，有一半的指名都是『約會行程（和客人散步或用餐）』。白天她們另有工作，打扮得端莊合宜，一個禮拜只工作兩個晚上的女生指名率是七到八成。

敝店為某位受歡迎的女生訂下的規矩是——『出勤前一星期的中午一點起接受電話預約』。但是，大家都在同一時間打電話來，預約到的人真的只是早了幾秒鐘而已。曾經有客人向我們抱怨，『明明是同一時間打電話來，為什麼還預約不到？』」

應徵應召站的女性樣貌

前來應徵媽媽應召站的女性共有三種：

第一種，是年輕時曾經從事性工作。

第二種，是從一般工作轉入性產業，有伴侶之後依舊持續性工作。

第三種，是完全沒經驗的新人。通常是和丈夫分手之後，或是為了存離婚基金而進入性產業工作。這種女性最受歡迎。

原本應徵者以五十、六十歲居多，最近二到三年，一半以上都是四十多歲的女性。這些人大多是獨居獨身的女性，已婚者較少。

人事招募的平臺是應召站和人力銀行的網站，五、六十歲的女性也透過網路來應徵。另一方面，完全沒有性經驗的女性，大多是透過就業雜誌來應徵。比起在其他應召站的休息室看手機找工作的女性，拿到路上發的免費衛生紙或是免費就業雜誌而來應徵的女性，大多沒有性經驗，也最受歡迎。

「我曾經在面試時，遇過手裡握著半年前發行的就業雜誌的女性，她把印有『媽媽應召站』的頁面撕下來握在手裡。那一頁都被捏得破破爛爛了，因為她一直猶豫不決，打過一次電話來還是說不出口要應徵。也許她遲遲下不了決心是因為她很迷惘吧！」

前來應徵的女性有八成以上從事過性工作，沒經驗的不到一成。許多人是在人妻店賺不到錢後轉戰熟女店，這種人大多不了解自己為何失去人氣，無法自我分析與改善。看得出來，服用精神安定劑或是安眠藥的女性占整體的三成，半數以上的女性還有精神方面的問題。

「針對這種女性，首先是建立交易成功的體驗。極端的例子是，只要先做到『守時』就好。跨越最低的門檻之後，再陸續追加其他課題。她們在人生道路上經歷過許多失敗，當事人最清楚自己有多糟糕。但是，她們不想說出口，也不想曝光。這一行的女性通常瞧不起男性工作人員，認為對方的薪水都是靠她們賺來的。而這種逞強的背後是選擇逃避沒用、無能的自己。

其實，只要面對自己的缺點，認真努力的話，即使是排行最後一名的女生也有機會登上排行榜前幾名。實際上也出現過許多這種例子。」

剛進入「媽媽應召站」的女性當然不會信任公司。後藤等人會在面試時花上兩、三個小時仔細詢問應徵的女性目前的生活狀態、房租、水電瓦斯費等家計的問題和今後的計畫。例如，問到「為什麼一個月電費要三萬元？」對方回答：「其實小孩每天都窩在家裡，需要開冷氣開一整天。」面試官會繼續追問：「為什麼不叫小孩去工作？」對於每個月幫兒子付三萬塊遊戲費的女性，面試官會勸對方不要再付了；對於沒錢還是抽菸抽個不停的女性，面試官會指導對方改成一天抽一包。有時甚至還會協助女性處理債務問題或是陪同女性前往市公所。

來這裡應徵的女性，在進入性產業工作之前必須重整生活，否則賺再多也無法改變人生。後藤表示，「希望進入這個業界，能讓她們的人生多少有所改善。」這種協助旗下小姐的行為，類似於協助低收入戶自立更生的脫貧方案。但是，無論他們多麼為這些熟女著想，大多數的中高齡性工作者的生活還是無法擺脫現狀。

熟女賺得了多少錢？

「媽媽應召站」的性工作者，平均工作年資相當久，三到四成的人都工作三年以上。大多數女性並非專職的性工作者，而是同時還從事其他正職工作，擔任全職計時人員或是打零工。

她們平均一天接客人數為一到二人，一次可領取日幣五千五百元，工作一整天的薪水約日幣一萬元左右，工作二十天的薪水是二十萬。由此可知，性工作作為兼差的工作比較有利。如果想擔任專職的性工作者，就必須磨練自己的技巧，和每天待命十小時才可能讓月薪超過日幣五十萬元。排行榜居前的應召小姐，基本上都是專職的性工作者。

一般來說，專職性工作者賺了三到四年之後也會人氣下滑。收入減少之後，不少人就開始應徵計時人員的工作。有些人早上清掃大樓，下班後就來應召站上班。

「客人追求的是『不像一般找小姐的心動感覺』；換句話說，是『假裝白天出門外遇』。我們會指導大家不要散發風塵味，所有人穿的全都是自己的衣服。

由於客人的需求如此，所以比起專職的性工作者，兼職的女生還比較受歡迎，不常接到客的才算稀奇。兼職的女生也比較了解賺錢不容易。而不知道賺錢有多辛苦的女生，就不會了解客人付的一萬元有多貴重，反而會態度傲慢，認為自己做了這麼多居然只能賺一萬元。」

需要「群體生活」

「媽媽應召站」旗下的小姐分為三種，分別是「不用費心照顧也賺得到錢的紅牌」、「現在賣不好、有待加強的中等階層」和「無可救藥的女生」。

把無可救藥的女生推上中等階層、增加公司的營業額等相當重要。而想要達成這個目標就必須特別費心照顧這群人。

真的無可救藥的人會自行辭去工作。一開始還是先為她們付出心力，而非置之不理，這樣就有機會讓她們成為中等階層，紅牌也不會因此嫉妒她們。

「一般的應召站都是吹捧紅牌，對下層的小姐很冷淡，導致大家互相嫉妒。如果把做法反過來就沒有人會嫉妒了。雖然多花心思很辛苦，不過我們不會拋棄業績不好的女生，除非對方真的犯下不可饒恕的錯誤，否則都會一直照顧下去。」

以前曾經有分店把小姐分等級、個別制定價格，或是系統化管理小姐，推出許多活動，營業額卻並未隨之增加。

「和年輕女孩保持距離比較好管理，熟女卻需要多多關心，不雞婆一點反而無法提升營業額。照顧無可救藥的女生很麻煩，內勤的男性員工都懶得做，因為即使對她們公事公辦也無法改善業績。

在『媽媽應召站』，所有人的底薪都一樣。表現良好與否反映在獎勵指名次數與出勤狀況的獎金上。應召小姐如果彼此嫉妒，會影響服務態度，流動率也會變高。所以，管理的最低限度是不能引起大家互相嫉妒。」

後藤表示，熟女需要的是「群體生活」。這個工作必須長時間坐在休息室等待，待命時能做的事只有打手遊遊戲、講壞話和抽菸。如果能在休息室建立起舒適的社群，旗下小姐至少會覺得「雖然今天沒有心情工作，不過大家都在，還是去一下吧！」有煩惱時也有對象可以商量。應召小姐之間出現交流，建立起情感，出勤率也會隨之穩定。因為，有溫暖的社群，「媽媽應召站」的熟女才會逐漸增加，出勤率也可持續維持在四成左右。

「其他應召站的出勤率是兩成多，即使經營很多年也無法改善。我曾探詢過對方店裡的情況，果然應召小姐都是單獨待命，缺乏互相交流的社群。而『媽媽應召站』基本上都是一起待命的。一方面是為了節省成本；一方面是，無法和其他人建立良好人際關係的女性，多半也無法應對客人。」

想找熟女撫慰的尋芳客心情

「媽媽應召站」的常客，年齡大多介於四十到五十多歲之間，年薪約在日幣四百萬元上下。有事業、有家庭、沒有閒錢可以玩，卻還是希望有個地方可以做自己，所以，「媽媽應召站」的使命，就是提供這些中年男性可以放鬆自我的地方。

後藤表示，「我希望客人和敝店的員工在一起時，能夠回到小時候的心境，叫敝店員工『媽媽』。」

許多男性通常是十八歲時就來到東京工作，和母親已經分隔人生一半以上的時間，一年搞不好回老家不到一次。後藤希望這些男性能偶爾想起母親。

「媽媽應召站」對於旗下小姐的指導則是，「不懂技巧沒關係，也不一定要在規定時間內讓男性射精。只要好好地撫摸客人，多多擁抱他們。」通常約有三成的客人最後是靠自慰射精的。有些客人表示，「不需要讓我射精，緊緊地擁抱我就好」；也有些人因為對自己的性功能沒有自信，覺得褪去衣物很羞恥，希望能穿著內褲和小姐擁抱。

除此之外，比起美女，喜愛熟女的男性更偏好高大的女性。這是因為，母親在孩子眼中很高大。被胸部與臀部豐滿的高大女性擁入懷中時，男性彷彿也會覺得回到小時候被媽媽擁抱的樣子。

但是，這種賣點有時也會引發糾紛。例如，有位客人在三年之間指明了某位紅牌小姐四十次以上，結果在一次交易結束後竟然懇求她是否能「做全套」？她不知道該如何回答，於是找後藤商量。

「我直接和客人見面。對方是位三十多歲的帥哥，問了之後才知道他剛失去母親，這三年來他都把敝店的員工當作母親。由於每次都和小姐肌膚相親，他不僅把對方當母親，也當作女性看待。

我告知對方：『要是要求做全套，就再也見不到她了』。他當下雖然接受，之後指名一、二次時，還是忍不住開口問小姐是否能『做全套』。最後我只好禁止他指名了。」

以前還發生過三十三歲的客人對六十一歲的小姐求婚。當時那位小姐斬釘截鐵地拒絕了，但沒想到，客人反而因此更加迷戀她。

「媽媽不僅會誇獎，也會罵小孩。偶爾教訓一下客人，客人反而十分感動。褒也好，罵也好，無論小姐做什麼，客人都會追隨。最後，不是禁止客人指名，就是小姐退休。在這個業界，無論是多麼喜歡的小姐，總有一天都會離開的。要是客人也能認知到這一點就好了。」

在這個業界，後藤算是非常難得一見的老闆，會跟客人直接見面談判，甚至一起去喝酒。

「來東京出差的男性，在外面跑了一天的業務，回到商務旅館吃泡麵時才發現，今天一整天都沒說出一句真心話。這種時候，越是陌生人越能說出真心話。又因為是花錢買的，所以更毋須顧忌。這種服務只有性產業才提供得起。客人想抱怨就抱怨，想說傻話就說傻話，說些沒有男子氣概的話也沒關係，畢竟是袒裎相見的關係。」

面對媽媽，什麼話都說得出口，也能回到光溜溜的嬰兒時代向媽媽撒嬌。「具備母性與女性魅力的女性」所向無敵。後藤強調，「這是熟女應召站最大的賣點。」

二手書店員工轉行經營應召站

後藤踏進色情業之前是販賣二手書的書店店員。由於以相同價格大量進貨、大量銷售的連鎖店 BOOKOFF 和網路拍賣普及，二手書店業因而競爭激烈，淘汰者眾。後藤所屬的公司鎖定一般大型企業不會經手的領域，專門買賣以年輕女性為客群的同人誌。二、三十歲時還能跟女性客人、員工交談，等到將近四十歲時，就很難繼續經營女性同人誌的書店了。

另一方面，販賣二手書必須和進貨價、利潤率等數字博鬥，是門非常嚴苛的生意。如果提醒單純喜歡書而進入公司的年輕員工注意營業額等數字，只會招來對方的反感。結果年輕員工集結反抗，導致本來擔任店長的後藤遭到降職，最後離開公司。四十歲的男人很難找到新工作。他曾嘗試開網路書店賣二手書，卻欠下好幾百萬日圓的債務。雖然手頭上有些退職金和保險，卻因為生活費也花得精光。

陷入如此窘境，後藤才選擇走進性產業。他在大阪工作時固定前往某家應召站，當時指名的小姐介紹現在的恩師與他認識。對方告訴他，「要是有困難就來東京找我，來我店裡工作。」

當後藤前往東京時，「媽媽應召站」在東京只有池袋一家店，沒有錢也沒有人。好險他本身就喜歡熟女，所以能專心致志地經營應召站。研習三個月之後，店長離職，恩師表示，願意把公司讓給他。結果他進入性產業才半年，就升任為經營「媽媽應召站」的株式會社社長。

發掘客戶的「需求」

後藤擔任社長時，池袋店每個月的營業額只有日幣一百萬元，平均每天賺三到五萬元左右。在這種情況下，店長根本無法加薪。他原本主修數學，進入性產業後立刻發現，「比起單筆消費金額和迴轉率，更重要的是旗下小姐的人數」。他於是先著手增加小姐人數，目標設定為一百人。

「旗下小姐人數越多，收益越高。無論是十人還是五十人，房租等固定成本都不會改變。一間休息室裡有三十位小姐待命，假設出勤率是三成，就表示每天會有十個人上班，每個人交易一次，營業額就能增加五到十萬元，一個月就是三百萬。而沒有多少生意能靠十萬塊的房租賺進每個月三百萬的利潤。」

他錄取女性的標準是，除非無法對話、沒有牙齒或明顯是殘障人士，否則來者不拒。上一任店長是有些原則的，只想錄取年輕漂亮的「美女」。而「媽媽應召站」是熟女店，只錄取美女本身就很困難。而所謂的「美女」，大多都會去應徵以二十五歲到三十多歲女性為主的人妻店。後藤決定，「媽媽應召店」的路線是「四十歲以上的女性，因為生活困難或人生遇到挫折而來此工作的店」。

他剛入行時，池袋約有兩百多家情色場所，其中只有五家熟女應召站。之後流行起熟女熱潮後，部份藝人也公開表示喜歡熟女。

「這股風潮引發出男性對於熟女的需求，一般男性也開始宣稱自己喜歡熟女，熟女應召站因而增加。而且，熟女應召站很便宜。其實大多數男性原本就喜歡比自己年長的女性，就算無法接受大自己一輪，但只要嘗試過一次大自己七到十歲的女性，價值觀應該就會因此改變。」

「媽媽應召站」針對因為自卑而無法面對女性的尋芳客用心打造的網站，設計時留意「不使用紅色與黑色」、「畫面不刺眼」、「不戴首飾」、「不流露風塵味」。後藤的目標是，讓對情色場所有興趣卻害怕的男性，也能鼓起勇氣打電話來店裡預約。因此，他徹底執行以下的原則：不說謊、不敷衍、不勉強推銷女性、不修圖。

「男人來這裡不是想做愛」

相較於後藤剛入行時，現在熟女應召站的市場已經飽和。為了和其他熟女應召站有所區隔，「媽媽應召站」下了哪些功夫呢？

「池袋一帶競爭激烈，服務不能只是讓客人和應召小姐射一砲。服務守則裡清楚教導旗下所有小姐敝店的服務理念，重要的是提供所有人都能完成的服務，而不是只有這個女生做得好或是那個女生才賺錢。為了穩定基層，制定服務守則時是以所有人都做得到為標準。這個業界習慣以『紅牌』為標準，要這個也會、那個也會，額外服務還免費……這麼一來，就會有越來越多人做不下去。」

現實情況的確如同遠藤所述。吸引尋芳客上門需要的是旗下小姐都能提供相同水準的服務，而非仰賴個人魅力與技巧。

「不懂床事技巧也無所謂，沒有口交經驗也沒關係。敝店對於服務客人的最低要求是——『像迎接工作一天後疲累不堪的丈夫回家』。這種概念設定，好說、好懂。

以『迎接丈夫』回家為基礎的話，稍微改變沐浴和床事的順序也無所謂，只需要遵守，從打電話報告開始、結束和收錢的順序。敝店不會指導床事的細節，這點會尊重每個應召小姐的個性。如果連床事都制定守則，提供整齊劃一的服務反而會很無趣。

重要的是，床事結束後的餘韻。男人來熟女應召站不是尋求宣洩，而是希望接受女性的撫慰。當床事結束，客人進入聖者模式，懷疑自己剛剛到底做了什麼時，小姐會好好地抱住客人的頭，撫慰對方射精後空虛的心靈。如此一來，客人就會覺得餘韻猶存，進而再度光臨。」

熟女的風險管理

「媽媽應召站」要求服務之前一定要用含碘的漱口水漱口，和用殺菌肥皂清潔身體。因為性病檢查的目標是人人都要接受檢查，不過，大家怕麻煩、不想花錢和害怕檢查結果而抗拒，一直無法達成目標。本來計畫在介紹旗下小姐的網頁上記載檢查履歷，至今還是無法達成百分之百的檢查率。因此，會先把檢查工具交給應召小姐，對方事後付費或是分期付款皆可。

床事技巧與風險管理有關。對於完全沒有性經驗的小姐，會由男性員工擔任她第一次的客人，給付報酬後就進行講習。男性員工在講習時射精會變成是個人享受或性騷擾，因此要求男性員工絕對不能射精。

然而，從未體驗過男性在口中射精的女性，會讓她們在講習時實際體驗何謂「口爆」。原本只是講習時口頭指導，並未實際講習。結果，實際接客時卻接到小姐打電話回來哭訴自己做不到。從此以後，一定會在講習時請沒有經驗的女性體驗一次。
實際上，當然不可能因為體驗過一次就萬事順遂。講習時指導的不是技巧，而是危機管理辦法。「口爆」是免費的額外服務，做不到可能會被客人要求「做全套」。所以，無法用嘴巴逃避的小姐，被迫和客人真槍實彈的機率就會提高。
「媽媽應召站」同時還指導小姐如何分辨客人要求做全套究竟是真心話還是說說而已。會問出「不能做全套嗎」和「讓我上一次」的男性，似乎不是真的想強逼小姐上床，只是口頭上說一說而已。
客人問小姐能否私底下約會時也是一樣。畢竟約會本身很麻煩，這些男人連來到以廉價賓館聞名的池袋，都還是選擇六十分鐘只要一萬塊的應召站，多半沒有錢也沒時間和小姐約會。這些服務費裡，或許還包括維護男性的面子。

單親媽媽的自尊

「媽媽應召站」旗下的小姐以單親媽媽居多，有些人甚至已經當祖母了。這些性工作者大多五十歲上下，子女就讀國中或高中，大多是為了籌措子女的大學學費而從事性工作。儘管經濟壓力大，她們卻還是勉強自己讓孩子去學游泳或芭蕾等才藝，或是花錢送孩子去上私立學校，等於是自行增加支出。

而苦於更年期症狀的小姐也不在少數。有些人原本收入穩定，卻因為更年期導致身體不適，或是因為藥物的副作用而完全無法工作。

除此之外，還有不少人一邊領取低收入戶救濟津貼，一邊在「媽媽應召站」工作，社工來家裡的時候就會請假在家。她們大多已習慣了現在的生活，並未考慮要如何經濟獨立，以擺脫領取低收入戶救濟津貼的生活。

其中當然也有人「想讓孩子看到媽媽不再需要社會福利援助、自立自強的身影」。最後卻是徒勞無功，因為，光是養活自己就已夠讓人精疲力竭。

「某位領取低收入戶救濟津貼的女生，一共有四名子女，其中兩人是雙胞胎。她曾經離家去鄉下賺錢，卻因為罹患青光眼，而在無可救藥的狀態下來到『媽媽應召站』工作。她最偉大的地方是不勉強自己扶養子女，而是把他們送進育幼院。這個決定對她而言似乎是切膚之痛，不過她還是選擇從重整自己的生活開始。

其中一個孩子國中畢業，現在二十歲了。另一個人撐到高中畢業，能做的工作卻只有居酒屋或是半套店的店員。他這個年齡已經進不了所謂的『好公司』，於是陷入世襲貧窮。

問她和小孩相處的情況，她回答：小孩平常會叫她『媽媽』，一有事就說『明明拋棄過我們』。她最難過的莫過於這種時候。

每次接觸這些女性，我都覺得，在走到無可救藥的地步之前難道沒有其他辦法嗎？例如，為什麼會輕易離婚呢？

就算相敬如『冰』，先來我們店裡兼差存錢準備離婚也好。但是走到『離婚之後是由我照顧小孩，但是親權在對方手上』的地步，就沒辦法了。

儘管如此，生活越是困頓，這些小姐越是愛在奇怪的地方打腫臉充胖子——還讓孩子去念私立學校。明明可以跟孩子說家裡沒錢，請努力打工唸公立學校，結果卻勉強自己工作，因而搞壞身體。然後遇到更年期，逐漸身心俱疲，心情不好就遷怒在孩子身上，孩子也因此反抗，最後誤入歧途，做壞事遭到警方逮捕。在接到警方聯絡的電話後又得去警察局接孩子回家，於是不得不早退……徹底陷入了惡性循環。

想要從根本解決問題，應該在更早的階段就想出對策及執行，但我們這些站在社會底層的人做不到這種地步。社會福利機構或相關人士，如果能在她們踏入性產業之前伸出援手，發現她們的求救訊號就好了。」

熟女能賺到幾歲？

指名六十多歲小姐的尋芳客大多是熟女的「狂粉」。「媽媽應召站」旗下年紀最大的小姐高齡七十歲，但是幾乎沒有人指名，大概三天才會接到一次工作。換句話說，能主打熟女牌的只有五十多歲這段期間。

另一方面，目前的徵人狀況是買方市場。應召站不太招募五十多歲的性工作者，這群人這三年來也不跳槽。她們明白，自己不管轉戰哪家應召站，接客的人數和薪水都不會增加。

四十多歲的性工作者還找得到工作。但最近熟女市場逐漸年輕化，一般尋芳客誤以為熟女是介於三十多歲到四十多歲的女性，導致年長的性工作者賺不到錢。

後藤表示，「做這門生意需要教育客戶，讓客戶了解——『五十多歲的女性其實很有魅力』，這是非常重要的。」

長期從事性工作必須跨越許多門檻，到底有多少熟女能面帶笑容地離開性產業呢？

「最後通常還是會重操舊業（笑）。就算我們微笑著歡送對方退休，前往一般的業界，但她們多半沒多久還是會回到『媽媽應召站』，沒回來的通常也是去其他應召站了。而笑著離開的幾乎都是四十多歲的女生。店裡曾經有位應召小姐，同時從事美容方面的計時工作，最後當上店長。結果她一當上店長，那家店就倒了。會因此工作穩定的女生很少，這跟她們有沒有不動產經紀人證照等實用的證照毫無關係。

過了五十歲，幾乎沒有人能離開這個行業，只能做這一行做到老死。說到這裡，我覺得很寂寞。無論話說得多好聽，年過五十，沒有一技之長的單身女性實在很難自立自強。許多女生的健康情況出乎意料地糟。例如，罹患慢性病，無法從事久站的工作，也不會用電腦。

有些公司的業務是介紹生活困苦的女性去保全公司，住在公司提供的宿舍，協助其生活自立。然而，這些女生沒有體力，連警棒都揮不了，所以也無法擔任保全。看到這些女孩子，我只能說，雖然我無法負起她們人生的全責，至少來『媽媽應召站』也比較好。」

援助與不信任的夾縫

後藤在四十歲時申請破產。他因為創業失敗導致債務累積、巨大，光是付利息就壓得他喘不過氣來。他還陷入用信用卡預借現金還利息，再用信用卡預借現金的惡性循環。儘管如此，個性認真的後藤還是無法放棄辛苦工作自行償還所有債務的想法。

正當他無法可想時，介紹恩師給他的女性硬拉著他去申請破產，表示這麼做一定對他有益處。因為這位女性的協助，後藤才有今天。他們兩人之後結了婚，也有了孩子。

「由於當時的經驗，只要能幫得上忙我什麼都會做。例如，介紹律師、陪同去市公所辦手續、向房東殺價等等。我是應召站的老闆，當然無法取得對方信任。幫忙調解債務問題時，也有人放我鴿子，表示還是想靠自己還債。

提供援助之後，旗下小姐和我才稍微建立起一點信賴關係。如果有正式的外部機構，由機構接手或許還能持續援助。」

無論遠藤多麼正派經營，不惜賠本提供旗下小姐援助，這些性工作者、尋芳客或是社會大眾，還是會因為他是應召站老闆而無法完全信賴。只會單方面攻擊應召站，貼上「壓榨女性」、「靠窮人賺錢」的標籤。這是性產業的弱點。「媽媽應召站」不是「使喚」小姐，而是「請小姐來店裡」、「請小姐替店裡賺錢」。

「其實我們無法『使喚』她們，要是能使喚就不會這麼辛苦了。從請她們來面試直到接到第一位客人，必須跨越許多困難才終於獲得錄用。想到這裡，我們的立場不是使喚對方，而是請對方來。畢竟我們收取她們所賺取的部份金錢，就必須好好照顧她們才對得起自己的良心。

剛入行時，我最討厭聽到接完客的小姐聊天，因為她們都會很高興地討論『今天的客人很纏人』或是『客人舔我那裡』。

剛開始，旗下小姐接不到客時，我都會打從心底覺得『太好了！不用舔陌生男人的老二』，也覺得她們應該很高興不用工作。但是，真實情況是，她們沒生意可做時會向我抱怨，所以，我花了很長的時間才終於捨棄這種想法。一直到入行後一年才發現，還是要挺起胸膛為自己的工作感到驕傲才行。

性產業的經營方式沒有正確答案，所以必須制定中心思想，有了中心思想，迷惘時才能回到原點。路線混亂或是營業額減半的店家，都是沒有中心思想的。

打折、錄取所有來應徵的人、增加小姐人數或是推出活動。不行的店就是不行，客人也不會因為這些理由而回頭。而沒有足以當作中心思想的目標就什麼也做不到。中心思想和一般社會的價值觀相差太多也不行，大概是十個人裡面有七個人可以接受的程度就好。」

後藤訂定的目標——「成為當地最優良的熟女應召站」、「四十歲以上女性因為生活困難或人生遇到挫折而來的店」，至今仍未改變。當年接受NHK的節目《Heart Net TV》採訪的四十多歲單親媽媽，目前依舊在「媽媽應召站」工作。

「媽媽應召站」的目標

「現在的社會還是需要性產業。有空時就來、排班時間自行決定、薪水當天付現。全日本幾乎找不到這種工作。如果性產業從日本消失，男人不會困擾到死，但是貧困的女性可能會因此而死。

我很感激熟女，我能有今天也是託性產業的福。為了報恩，我想做和熟女有關的工作直到人生盡頭。雖然可能無法做到盡善盡美，但我的目標是打造日本最棒的店，只錄取熟女來工作。

再三年我就五十歲了。我想在五十歲之前在日本全國成立『媽媽應召站』的分店，然後提供熟女工作機會。在『媽媽應召站』做得不順的女生，就轉介她們去不用對丈夫保密的職場。例如，熟女酒吧、提供單身與高齡人士手工料理的食堂、居家看護等等。很多人都有理髮師的證照，開一家熟女剪髮的理髮院也不錯。

經營十年之後，我想成立小額基金，提供想創業的男性員工免擔保融資。他們可以自由運用這筆資金，要經營情色場所或是餐飲店都好。

想要長久經營就需要優秀的男性員工，所以，目標不能只是店長，要提供男性員工之後的職涯目標。例如，統籌各地區分店的幹部等等。建立出明確的職涯計畫，只要認真工作三年就能獲得一筆得以自行運用的創業資金等良好制度，應該能吸引原本性產業錄取不到的優秀人才，『媽媽應召站』也能夠因此長長久久地生存下去。」

場面話在熟女的世界行不通。這些中高齡婦女因為許多原因而踏入性產業，多半只能繼續在這個業界搏鬥，同時和更年期症狀、父母的死別、身心老化或孤獨搏鬥。

後藤身為老闆，建立提供此類女性工作、學習與人際關係的商業模式。當事人或許不願意承認，其實他正是所謂的「公益創業家」。

不會消失的風險

如同前文所示，性產業的問題無法單憑業界的力量解決。我在之前分析恐龍應召站時也提到「DEADBALL 應召站的矛盾」。

克服「DEADBALL 應召站的矛盾」的唯一辦法，是透過與外界，也就是一般社會合作，即運用一般社會的人才、制度、技巧或知識。後藤原本從事和性產業毫無關連的工作，他之所以能建立起擁有數百名性工作者和大量常客的好幾家優良應召站，關鍵在於他的人品、真摯對待熟女的態度與經營策略，以及其中心思想在某種程度符合社會標準。

儘管後藤遵守法律、正派經營，即使賠本也要援助生活窮困的女性，但應召站在法律上就是「違反善良風俗」、「妨礙青少年健全發展」的行業，難以獲得社會大眾的信賴。因此，他在援助旗下小姐的過程中之所以遇到障礙正是這個原因。既然缺乏社會大眾的信任，自然也無法活用一般社會的人才與制度。

無論他如何強調「媽媽應召站」是窮困女性的社會安全網，必須保護性工作者的權利。但應召站的工作內容畢竟是「女性脫光光，用嘴巴含著男性性器」，根本不可能獲得一般社會大眾的認同，充其量只是「理想主義者在說夢話」、「業者在美化自己」。無法單憑性工作者本身和相關人士的努力來突破這一道高牆。

性病、跟蹤狂、偷拍和復仇式色情等，也是在聲色場所工作的女性必定會遇到的風險。無論老闆如何努力，也無法把這些風險的機率降到零。既然如此，究竟該如何面對無法跨越的極限，與不會消失的風險呢？

唯一的方法是和社會福利機構合作。性產業是具備多種面向的世界，業界裡發生的情況複雜，叫人看了頭暈腦脹。這個產業需要的不是媒體以煽情方式，把現象「單純化」、「商品化」，而是透過社會福利的濾鏡，仔細分析每一個現象，將其「社會問題化」，就能引進司法與醫療等一般社會的人才、制度、技巧與知識。當社會大眾不再覺得性產業發生的事「是別人家的事」，而是「自己的事」時，就有機會解決這個問題。

社會福利與性產業，乍看之下水火不容的兩者真的能夠攜手合作嗎？下一章的舞臺將回到鶯谷，探索透過社會福利連結性產業與社會的方法。

證言

無法寫在履歷表上的「經歷」

如同前文介紹的案例所說，解決性產業的課題必須依照一般社會與性產業的邏輯，考量雙方的主張與極限多方面探究，而非單方面接觸。同時，需要從「可視化」與「不可視化」的角度提出戰略性方法。然而，究竟該如何行動才能達成上述目標呢？

角間惇一郎所率領的一般社團法人Grow As People，以「設計對性工作者能對『之後』的人生有所裨益的制度」為目標，解決性工作者轉換跑道時所遇到的難題。

「女性走進性產業的理由多如牛毛，但是離開的理由卻出乎意料地簡單。基本上可以彙整成以下三種：

第一種，性工作無法寫在履歷表上，會造成經歷是空白的。

第二種，不在場證明的問題。過年回家時無法和家人、好友說明自己從事何種工作。

第三種，辭職之後，網站上刊登的照片該如何處理？

據說，日本的女性性工作者共有三十萬人，這些人一定會遇到上述的困境。Grow As People 著重於解決履歷的問題，建議她們來公司實習，藉此填補履歷上的空白。」

Grow As People 除了解決性工作者轉換跑道的問題，也設計提供應召站老闆和其他員工使用的管理出缺勤、營業額與顧客的ＡＰＰ，加以普及。

「旗下小姐的照片是應召站網站的亮點，管理照片的方式卻總是混亂隨便。這行很難劃分辭職和在職，三個月都沒來上班的小姐究竟該算辭職還是在職也搞不清楚；有的人甚至是三年後又回來工作。在這種情況下，建構管理照片的平臺就不需要擔心小姐辭職後照片還留在應召站的網站上，或是遭人利用於復仇式色情事件上。

非營利組織傾向討論性產業『何者為是，何者為非』。但是，性產業的人士不討論是非對錯，而是該怎麼做才有所裨益；什麼樣的做法才算實際。例如，日本雅虎和情色場所的搜尋網站『City Heaven』的介面類似，它們設計相似的理由絕對不是出自於可愛或時髦。

我是從非營利組織來到性產業的，本來以為『小姐一定都工作的心不甘情不願，想辭卻辭不了』。可是事實上，她們真正的煩惱是『接不到客』。這個事實造成我很大的衝擊。

性工作者要賺錢，首先要有人打電話到店裡預約。而想要減輕尋芳客打電話的心理負擔，就必須借助網頁設計的力量。

大家願意給我資訊，單純是因為我對大家有益。我處於性產業與非營利組織之間，會做網頁設計，也具備建築和法律的相關知識。想要參與的外界人士，只要不是抱持著『解放女性，擺脫性產業的壓榨』的態度，現在的性產業人士，其實很歡迎其他業界的人士一起參與。」

確認問題是否存在、掌握其內容、設計解決問題的對策等都需要實際的資料。然而，性產業沒有白皮書也沒有統計資料，有的只是截取部份悲慘危險現況的煽情報導與潛入記錄。那麼，我們究竟該如何面對當前的性產業呢？

「現在的性產業走向外送型應召站化、網路化，越來越方便收集資料。外送型應召站幾乎是網路公司。娼妓是最古老的工作，現在則是最容易收集資料的時代。前電子工程師等熟悉網路世界的人，如果可以多多參與的話，應該可以收集到許多資料。收集到資料，就能摸清市場；了解市場，就更能吸引外界人士參與。我希望能建立這樣的流程。」

如同角間所說的，如果能設計出一套引進其他業界的人才、金流與物資的制度，應該就能更快速解決性產業的問題。

然而，想要促使更多人參與性產業，就必須改善這個業界長久以來「難以啟齒」與「外界難以進入」的情況。而發生如此情況的原因在於無法抹滅的汙名等問題。那麼，我們該如何面對性產業的汙名與他人對性工作者的偏見呢？

角間：「目前從事性工作的女性並沒有『在工作』的自覺，外送型應召站就是最好的例子。她們沒有意識到自己是在『工作』，而是抱持著像去健身房的心態，覺得應召站是個『工具』。

走到這一步，不需要說是『工作』，也變得不太擔心曝光的風險。因為，情況轉變至此，汙名問題也較之以往更有彈性。

從結論而言，汙名並未就此消失。性產業所隱含的『難以啟齒』的問題也不是完全抹去就好。而失去了神祕感，性產業的魅力也將會隨之消失。

至於幫助女性轉換跑道，我們是可以準備不會歧視性工作的組織或人才來接納她們，但想要完全消滅社會偏見是不可能的事。我也沒想過要完全抹滅汙名，而是當她們曾經是性工作者的事如果曝光、遭人指指點點時，有保衛她們的堡壘就好。」

如果能建立起從外界引進人才、金流與物資的機制，就算不能完全消除汙名，至少要做到淡化汙名的程度。如果能淡化汙名，就能減輕當事人的罪惡感、內疚，並改善難以啟齒和他人不易伸出援手協助的問題。如此一來，就能透過更多人發現性產業堆積如山的課題，進而協助解決。設立改善的機制、建立眾人參與的情況，就會成為串聯性產業與社會的橋頭堡。

第六章

紀實

在應召站休息室進行生活諮詢

截至目前，採訪性產業的寫手和記者，都只把當事人所表達的資訊當成報導的「案例」描述與消費，從未認知到，這些資訊其實就是求救的「訊息」。

「內衣」對於從事性工作的女性是重要的生財工具。有些女性會挑選性感高級的內衣，作為「引發男性性慾的先行投資」；有些女性則視為「工作上的消耗品」，在網路上大量購買可愛便宜的內衣。而同為性產業的一員，美津代（四十九歲）穿的卻是預防失禁的成人紙尿褲。

美津代大學畢業之後進入出版社工作，卻因為過勞導致罹患精神疾病，不得不辭去工作。她離職後暫時回到家鄉北關東與弟弟同住，並仰賴退職金生活。但她的精神疾病並未因為離職而復原，治病的過程中也花光了她所有的退職金。

同在一個屋簷下的弟弟從事流通業的工作，在「三一一大地震」之後失業，姐弟倆因此開始借錢度日，就連自家的汽車都拿去抵押借錢，金融業者打來討債的電話成天響個不停。她建議弟弟「去找代書商量」，對方卻以「很可怕，我不要」為由而拒絕，就連法院寄信來他們都怕到不敢拆開信封。

待在這種環境下的她實在也無法安心養病，美津代於是下定決心要出去找工作。然而，當地沒有公司願意錄用年過四十五歲，又罹患精神疾病的女性。她面試了幾十家兼職人員和臨時工的工作，都遭到拒絕。除此之外，她的身材肥胖，三圍全部破百，所以連應召站也應徵不上。

她心想，至少自己的香菸錢自己賺，於是來到錄取所有面試者的鶯谷DEADBALL應召站。每星期有三天她要從家鄉搭乘兩個小時的電車來到鶯谷工作，應召站不支付交通費，所以她都必須全額自付。以前她曾經留宿在休息室，卻因為喝得酩酊大醉，發酒瘋，鬧到警局，惹出大麻煩，從此再也無法留宿。

雖然在DEADBALL應召站工作了三年，她卻幾乎沒有尋芳客指名。儘管如此，她今天還是在休息室的一角抽菸，繼續等待指名。由於她的健康狀態不佳曾經在休息室尿失禁，因此平常穿的都是成人紙尿褲。

尿褲與社工

擁有大學學歷、曾經任職於出版社的女性，陷入貧困的惡性循環，居然得在東京都內底層的廉價應召站穿著紙尿褲等待尋芳客指名。在追逐違法事件的小報記者，或是尋找煽情案例好做貧困現象特輯的週刊雜誌記者眼裡，這種故事是最適合不過了。

現在來到DEADBALL應召站，坐在美津代面前，靜靜聆聽她發言的女性並非八卦雜誌的寫手，而是援助低收入戶的臨床心理師。

鈴木晶子女士（一般社團法人 Inclusion Net 神奈川的代表理事）是援助貧困青年的臨床心理師，藉由心理輔導、社工，協助求職與區域性的教育專案等陪伴的方式協助當事人。ＮＨＫ的特別節目《拯救兒童的未來——切斷世襲貧窮》（二〇一四年十二月二十八日播放）和ＮＨＫ的另一個節目《CLOSE UP 現代》的特輯〈沒有明天——日益嚴重的「女性青年貧困問題」〉，都出現過她的身影，她是援助貧困青年的第一線人物。

她也曾經任職於精神醫療業，曾表示，部份精神疾病患者會因為醫生處方的大量藥物而引發尿失禁的副作用。站在記者立場，「一位將近五十歲的肥胖女性，在廉價應召站休息室穿著成人紙尿褲等待指名」，不過是介紹貧困現象特輯中的一個「案例」，但從社工的角度來看則是重要的「訊息」，可由此分析她的殘障程度與日常生活，進而提供適合的援助。

截至目前，採訪性產業的寫手和記者，都只把當事人所表達的資訊當成報導的「案例」描述與消費，從未認知到，這些資訊其實就是求救的「訊息」。

能領的錢就領起來

聽完美津代的心聲，鈴木以沉穩的口氣開口道：

「討債的電話成天響個不停，的確會讓人無法平靜生活。妳申請殘障年金，令弟也處理好債務問題的話，生活應該就能夠輕鬆不少。如果這樣還是無法解決經濟問題，或許也可以申請低收入戶救濟津貼。現在有很多減輕生活負擔的方法。

既然妳上班時曾經定期繳納年金，殘障年金應該也可以回溯申請。如果第一次生病時還有繳納年金，接受診斷的記錄也還留著，最多可以回溯申請五年份的殘障年金。這筆補助金額不小，可以用來搬家或是改善生活的費用。」

美津代：「我有二級殘障手冊，可是上次問市公所的窗口承辦人員，對方說不能回溯申請，我們沒有這項福利。」

鈴木：「怎麼會呢……妳是問哪一個市公所？」

美津代：「H市公所。」

鈴木：「殘障年金是國家的制度，不可能東區有，H市卻沒有。準備好診斷書等必要文件，由具備專業知識的人士陪同，告知對方不可能無法回溯申請，對方應該就會受理。有些地區的窗口承辦人員做事不是很細心，聽說最近不只是低收入戶救濟津貼，連申請殘障年金都變得很困難，而且從一開始就拒絕受理。這種情況最好向律師諮詢。就算在DEADBALL應召站工作，能領的錢還是要領起來比較好。妳就一邊領補助金，一邊工作吧！」

鈴木會這麼說是因為，他打從根本就否定這些人想靠在應召站工作自立的做法，會讓她們覺得自己至今的人生遭到否定，進而拒絕援助。因此，援助的第一步是肯定當事人，其次才是提出性工作以外的選擇。重點是讓對方自行選擇。

另一方面，鈴木的援助不限於經濟問題，也必須考量如何避免當事人陷入孤立（孤獨）。例如，在DEADBALL應召站的人際關係可能是當事人心靈的依靠。美津代背負了三種非主流的要素：「在應召站工作」、「罹患精神疾病」又「生活窮困」。可想而知，她在故鄉就是個社會邊緣人。所謂「適當的援助」，是先了解當事人的情況與背景，再從各方面提供協助。

廉價應召站與社工合作？

我在旁邊聆聽鈴木和美津代的對話，發現現在性產業需要的不是基於道德觀的爭論或否定論，也不是根據女性主義或是社會學理論的分析與批評，而是和社工合作。

我在第四章提到DEADBALL應召站，是「近乎社工的應召站，或是近乎應召站的社工」。大多數人認為，社會福利與性產業是彼此對立的；各類媒體關於貧困的報導也紛紛散播「社會福利輸給性產業」的訊息。年長的社工中也有人認為，性產業是「以壓榨女性為前提的巨大社會裝置」，其對性產業厭惡的程度彷彿面對殺父仇人。

然而，藉由前文的分析可知，DEADBALL應召站等廉價應召站，其實是社工的良好合作對象。錄取所有前來面試的應徵者，表示能完全掌握看到徵人廣告且點閱的所有女性，如此一來，就能接觸到和以往的政府窗口承辦人員、援助低收入戶的制度與一般性產業（沒通過面試）無緣的女性，並提供各類援助。

其實從歷史的角度來看，社工的原點本來就是援助現有制度無法協助的「看不見的弱者」與「難以發現的弱者」。

為什麼應召站是「最後的希望」？

換句話說，從社工的角度來看，與廉價應召站合作是「最後的希望」，藉此接觸原本看不見也難以發現的貧困女性，同時，具體化她們在生活與家庭中的問題，並提供援助。如果該名女性是單親媽媽，就還能一併援助子女，進而預防貧困兒童、虐待與放棄育兒等問題。

另一方面，從廉價應召站的角度來看，性工作者由於生活問題重重而無法投入工作。只要充實從業員的福利，就能有效提升營業額與降低員工流動率（減少刊登徵才廣告的費用）。公開應召站與社工、律師合作，援助性工作者一事，也能改善警方與社會大眾的觀感，改變應召站等於壓榨女性的印象，甚至得到隔離黑道勢力的「護身符」。

撇開意識形態的對立，廉價應召站與社工合作互助，應該能互惠、雙贏。雙方合作的具體案例將成為性產業「存在於社會的意義」，甚至能進一步改善性工作者的污名化。

根據上述的考量，當我計畫在 WHITE HANDS 主辦的性工作高峰會，邀請 DEADBALL 應召站的總監與鈴木對談時，鈴木很乾脆地答應了，「難得有機會和『地下』世界的人接觸，請務必讓我參加。」鈴木所屬的團體，其目標是協助貧困青年自立，因此，曾經聯絡貧困青年聚集的網咖企業洽詢是否可以合作，對方卻以「客人會變少」為由拒絕。

我邀請鈴木前往 DEADBALL 應召站位於鶯谷某棟公寓的休息室，和美津代等幾位應召站旗下的小姐與總監見面談話，並讓她和總監兩人在正式對談前見面，順便視察現況。協助貧困青年的專家與廉價應召站老闆，雙方平常毫無接觸的機會。最令我印象深刻的是，兩人討論起性工作者問題與複雜的案例時，因為有許多相同體驗而感覺非常熱絡。

談話結束後，鈴木提出積極的意見，「總監與我面臨的情況比我想像得更一致，聊起來非常投契。今後讓性產業與社工更進一步合作吧！」

總監也提出建議，「我在社會福利方面徹頭徹尾是個門外漢，毫無相關知識。關於鈴木女士對旗下小姐說明的社會福利制度和建議，我都十分有興趣。不少人應該可以靠殘障年金和其他補助金改善經濟情況。我覺得，鈴木女士提出的建議現在就能馬上實踐。請您建立援助的模式吧！」

在應召站的休息室舉辦免費諮詢

於是，我在DEADBALL應召站的大力協助與鈴木的建議之下，在DEA-DBALL應召站的休息室，舉辦針對性工作者的生活與法律等相關諮詢，並作為社工與性產業合作的範本。

以往的政府或非營利組織提供的諮詢多半採取被動式，負責人與專家坐在諮詢中心的椅子上，等待有需求的民眾前來或是來電。但從事性工作的女性多半不會或無法主動前往諮詢，這種做法對她們而言毫無意義。因此，社工會採取名為「外展」的方式，由專家直接拜訪現場（應召站的休息室）進行諮詢。

為了這次諮詢，我拜託認識的律師德田鈴亞與浦崎寬泰前來協助。德田年僅二十多歲，是律師界的新人。她就讀法律研究所時，對於「如何以法律解決關於性與生殖方面的社會問題」產生興趣，於是，從準備律師考試時就開始參加 WHITHE HANDS 的活動。

浦崎和我一樣生於一九八一年，在就讀於早稻田大學之際考上律師，並在長崎縣的離島（壹崎市）以「離島律師」的身分負責法律諮詢，三年來一共服務了一千件左右的案例。他同時具備社工證照，是位非常特別的律師。擔任長崎與千葉的司法支援中心（譯註：日本政府提供的綜合法律服務）的所長之後，還成立 PandA 法律事務所（譯注：目前更名爲「律師法人」〔Social Workers〕），擔任司法與社福合作的「司法社工」。同時還邀請了與浦崎隸屬同一事務所的社工及川博文，由這三人提供法律諮詢服務。

如同前文所示，背負著許多種問題的女性，「光是獲得司法協助」、「光是獲得社福協助」、「光是獲得性工作」等，並無法打從根本解決問題。但是，當司法、社福與性產業等三者攜手合作時，就應該能解開多重複雜的問題，為受苦的女性帶來一線光明。

二〇一五年十月四日，我們在DEADBALL應召站，位於鶯谷某間住商混合大樓的休息室中舉辦了第一次的諮詢。諮詢開始的時間是下午兩點，休息室在此之前就已人滿為患，擠滿想諮詢的女性。浦崎苦笑著表示，「平常很難得會被這麼多女性包圍。好緊張！」

諮詢一開始，首先分發離婚、債務與律師諮詢費用等相關的簡單資料，和低收入戶救濟津貼的手冊，並向所有人說明此類的社會福利制度，之後還提供一對一的諮詢服務（一個人三十分鐘）。

第一位諮詢人名叫信子（年齡介於四十五歲至四十九歲之間）。她一頭褐色及腰長髮、身材纖細，曬黑的雙手關節明顯，指尖的粉紅色指甲油散發著與身體其他部位毫不相襯的光芒。她原本預定是排在最後時段諮詢的，但由於她精神狀態不佳，於是和其他人更換了順序，改成第一個。她走來的路上腳步搖搖晃晃的，還是在DEADBALL應召站的關懷員工扶持之下才終於爬上前往休息室的階梯。她從一開始就散發出「事態嚴重」的氣息，休息室的氣氛也因此為之緊繃。

丈夫自殺、負債與詐欺的連續不幸人生

信子一開始先從丈夫自殺說起。她的丈夫罹患精神疾病，最後服用安

眠藥自殺。她本人也罹患了適應障礙症，無法工作，在丈夫死後就領取低收入戶救濟津貼過生活。然而，她為了逃避丈夫過世的悲傷與寂寞而喝酒，常常喝了一家又一家，把救濟津貼花得一乾二淨。由於她曾經破產過一次，無法輕易向銀行借貸，於是改為搜尋手機網站，向號稱不需審查就能借款的公司申請貸款，結果被迫簽下大量手機和 i-Pad 的使用合約。這家公司應該是提供他人名義或是虛構名義的手機，給地下錢莊或詐騙公司使用。

從此以後，信子每個月都會收到大量的手機帳單。她不知該如何是好，於是在網路上找到B法律事務所進行諮詢，對方開價日幣五萬四千元，以分期的方式收取款項。她每個月的低收入戶救濟津貼和殘障年金，合計約日幣十四萬元，房租日幣四萬五千元，加上每個月超過日幣八萬元的手機費，收支表完全是赤字。她於是來 DEADBALL 應召站工作，希望能多少貼補一些生活費。但是，她除了看護人員前來協助家事的日子外，每逢週末的上午十一點到深夜十一點都在休息室待命。在這種高壓的情況下，她的健康與精神狀態持續惡化。

聽完信子的敘述，浦崎開始提問。

浦崎：「那間B法律事務所，妳知道負責的律師大名嗎？」

信子：「對方叫做『三木』。」

浦崎：「你們是面對面諮詢的嗎？」

信子：「不是，只有電話和電子郵件聯絡，費用也是匯到他提供的銀行戶頭。」

浦崎：「對方不應該這麼做。法律規定，律師協助處理債務前必須和諮詢人見面。」

德田立刻拿起手邊的平板電腦搜尋B法律事務所的網頁：「這間B法律事務所雖然有網站，但是沒有名為『三木』的律師。首先，網站根本沒有介紹律師的頁面，事務所的電話也和信子女士說的不一樣。這應該是『非律』吧！」

浦崎：「嗯！很有『非律』的感覺……」

日本所謂的「非律」，指的是律師或律師事務所以外的人，因為貪圖報酬而執行法律業務。日本的律師法雖然禁止此類行為，還是有一些沒有律師資格的人會和已經退休的高齡律師借牌執行法律業務，如此一來，部份事務所的行為和「詐欺」沒兩樣。雖然不確定B法律事務所是否為「非律」，至少可以確定，他們並未解決信子的問題。

信子：「我也曾經到『司法支援中心』諮詢，對方卻叫我放著不管就好。」

浦崎：「無視對方直到超過請款時效的確也是解決的方法之一。但是，以妳目前所處的情況，和為了還錢甚至願意下海的認真個性看來，這並不是適合你的建議。

我建議妳再次整理債務。領取低收入戶救濟津貼的人也可以免費向司法支援中心尋求諮詢，諮詢期間就算收到請款單也絕對不要付錢。如果對方打電話來討債，就告知對方目前正在向律師諮詢，報上我的名字也沒關係。現在先決定，之後你要何時來敝事務所諮詢吧！」

最後，信子的案子由浦崎的法律事務所負責，繼續提供援助。領取低收入戶救濟津貼者，使用律師等相關服務的門檻較低。例如，就算因為負債而申請破產，領取低收入戶救濟津貼者，只要利用司法支援中心就不需支付律師費（基本上費用可延後支付或免除）。

本次法律諮詢發現，好幾位小姐背負消費者貸款或卡債。有些人因為無法壓抑購物欲望而使用許多張信用卡，欠下了大筆債務；有些人因為申請多家消費者貸款，陷入為了還債又跟新的消貸款業者借錢的惡性循環。

對於債務累累、光是還利息就精疲力竭的諮詢人，律師多半建議先「申請破產」。浦崎表示，「『申請破產』對於債務人而言幾乎沒有任何壞處。會標註在戶籍上、被迫繳交所有財產跟不能使用手機等，都是謠言。」

離婚與家暴

下一位諮詢人是裕子（年齡介於二十五歲至二十九歲之間）。她留著一頭褐色的鮑伯頭，氣質溫柔。她走進休息室時，身穿著荷葉邊的卡其色裙子。儘管髮型與服裝都十分可愛，但她露出裙子的大腿與小腿卻滿是瘀青，叫人看了覺得心疼。其實這些都是她遭受丈夫家暴的結果。

裕子在二十歲出頭時就與比自己年長三十歲以上的男性結婚，育有一子。然而，丈夫的性暴力與語言暴力卻日益嚴重，生活費也越給越少，還在孩子面前出現暴力行為。她無法忍受，於是和孩子一起逃到短期婦女庇護中心。但是，酗酒習慣卻導致她在庇護中心因為喝酒而引發問題，被迫與孩子分開，她則進入治療酗酒的團體。

目前裕子一邊調解離婚，同時參加戒酒自助團體，準備之後與暫時接受安置的孩子再次同住。面對請領低收入戶救濟津貼和在DEADBALL應召站工作、存錢準備離婚的裕子，德田提出如下建議：

德田：「就算和丈夫處於分居狀態，你依舊能要求對方支付生活費。只要婚姻關係尚未結束，衣食住等費用、醫藥費與養育子女的費用等等，在分居期間仍舊是對方的義務。如果丈夫不支付生活費，你也可以依法要求對方支付。」

裕子希望能早日恢復自己和孩子同住的生活。但兒童諮詢所（譯註：日本各地方政府依法設立的兒童福利機構）以兒童為優先，認為裕子的孩子目前必須暫時接受安置庇護。最後的結論是，裕子的第一步是照顧好自己的身體，待準備就緒後再接回孩子。

裕子最近似乎和在應召站認識的男性建立起親密關係，對方許諾要和她共度未來，同時表示以後願意和她一起照顧小孩。但觀察她在諮詢時的口氣與動作，或許她有輕微的智能障礙。她之後究竟能不能和該名男性共度幸福人生呢？還是陷入相同的事件輪迴？

弱勢者的弱點

關於家人，其中一人諮詢時表示，「我有個智能障礙的哥哥住在照護設施裡。本來是媽媽在照顧哥哥，現在媽媽得了罕見疾病。想到以後我得照顧哥哥就感到很不安。」針對她的問題，諮詢團隊提供了以下的答覆：

一、妹妹沒有義務要照顧哥哥到要犧牲自己。

二、假設照護設施或行政單位詢問你是否能照顧哥哥，你也有權拒絕。

三、妹妹拒絕照顧兄長並不代表因此切斷兄妹關係。

不僅是這名女性，不少案例都有家人殘障、罹病、拒絕上學或是失業等問題。對於從事性工作的女性而言，「家人」就是她的弱點。

加奈（年齡介於四十五歲至四十九歲之間）在網路上的匿名板，不僅出現自己的個人資訊，連女兒的個資都遭人曝光。她非常擔心被女兒的學校知道自己是應召女郎。

由於她是第一次從事性工作，剛入行時不小心跟客人和其他小姐提到家人，結果就造成資訊外流。

如果毀謗中傷的言論是使用在應召站工作的化名而非本名，就難以依法要求刪除。除非有人可以從化名判斷遭到中傷的人是加奈，否則當事人無法控訴其權利受到侵害。

當事人尚且難以控訴，就更不用提家人了。如果能確定網路上流傳的個人資訊指的是加奈，的確可以要求律師或警察出動協助。但如果真的走到這一步就太遲了。

德田和浦崎兩人在現場絞盡腦汁，依舊無法在時間結束前提出解決辦法。加奈最後垂頭喪氣地表示，「這就是從事性工作的代價吧……」

如何與精神疾病患者相處？

「我現在吃的藥，包括宜眠安（安眠藥）、安易能（控制中樞神經的藥物）和理思必妥（非典型抗精神病藥）。」

里美（年齡介於四十五歲至四十九歲之間）罹患思覺失調症，領取二級精神殘障手冊。她雖然領取低收入戶救濟津貼，卻為了償還兒子（二十多歲，非典型勞動）的就學貸款而進入DEADBALL應召站工作。但原本低收入戶救濟津貼是不可以拿來還債的。

里美表示，「罹患思覺失調，會導致身體因為不自主運動而搖晃，心裡老是在意『要擺出普通人的樣子』，服務客人時無法很積極。」她諮詢時也經常身體顫抖、雙腿屈伸。及川既是社工，也是精神保健社工，很熟悉關於精神疾病患者的援助資源。他對里美的建議如下：

及川：「說話的時候會口齒不清、口乾舌燥嗎？」

里美：「會，所以我總是會準備寶特瓶裝水喝。」

及川：「這是藥物的副作用。加上妳會不自主顫動，可能是理思必妥的藥效太強了，你可以跟醫生商量換藥或是調整劑量。另外，妳領取低收入戶救濟津貼，卻得償還兒子的就學貸款與如何賺錢來還債一事，福祉事務所（譯註：日本負責社會福利工作的地方政府單位）什麼也沒說嗎？」

里美：「對方什麼也沒說。只是最近兩人家庭的房租上限調降，對方要求我們搬家（行政單位命令接受低收入戶救濟津貼者搬到房租比現在便宜之處）。但是我必須定期回診，如果搬到離醫院遠的地方會很不方便……」

計算目前里美每個月在DEADBALL應召站的收入，要償還就學貸款將需要十年左右。她抱病在DEADBALL應召站工作，就算到六十歲也是不可能償還的完。

及川：「繼續在DEADBALL應召站工作不是壞事，但為了償還就學貸款而要花上十年就太浪費了。妳可以選擇申請破產，讓債務歸零。妳這麼做也沒有人會責怪你，而且社會福址事務所也應該這麼告訴你。」

參與本次諮詢的九位女性當中，有六人罹患精神疾病。大家表示，會上班遲到是因為早上起不來，或是判斷能力受到暈眩影響而下降；也有人是因為家暴而導致憂鬱症惡化。及川表示，「難以安排事物的優先順序或是準備更衣等日常生活的動作要花費較多的時間，可能是因為發展遲緩。如果你很在意的話，建議先接受身心科或是精神科醫師診斷。」

速戰速決，連結社會資源

最後一位諮詢人是真樹子（年齡介於三十五歲至三十九歲之間）。她的困境可說是集各類問題於一身：領取低收入戶救濟津貼、領有二級精神殘障手冊、肥胖引發糖尿病、申請許多家消費者貸款、遭到跟蹤狂騷擾、與同居人不睦又家庭失和。

由於案件本身情況緊急，浦崎告訴真樹子要當場打電話，並且立即聯絡她所居住的千葉縣X市的「中核地域生活支援中心」。中核地域生活支援中心是二十四小時、三百六十五天安排社福服務、綜合諮詢與維護權利的社福機構。在浦崎的安排下，當場就決定真樹子隔天就前往中心諮詢。他還把中心的電話號碼寫在自己的名片背後，親手交給真樹子，告訴她：「如果不知道怎麼去生活支援中心，可以到離中心最近的車站後打電話給對方，請他們來接你。」

浦崎曾經任職於千葉的司法支援中心，非常熟悉當地的社會福利資源，因此，立刻為真樹子聯絡生活支援中心。雖然向生活支援中心諮詢無法解決真樹子的所有問題，至少能避免事態繼續惡化。

從下午兩點到晚上八點多，一共接受了九位應召小姐的諮詢。過程雖然辛苦，不過卻因此得知三個出乎意料的事實：

出乎意料的事實①

政府或社會福利機構並未缺席

對於這些在東京都底層廉價應召站工作的女性，往往給人缺乏行政單位和社會福利機構協助，無人知曉其困境的印象。

其實來諮詢的女性大多已經接受行政單位或社會福利機構的協助，接受低收入戶救濟津貼或是領取殘障手冊等等。浦崎表示，「沒想到這麼多人領取低收入戶救濟津貼，我以為沒想到要利用社會福利制度的人數會更多。」

有些女性雖然生活困苦、罹患疾病或殘障，依舊正式委託律師調解離婚；有些女性則是申請與活用自立支援醫療（譯註：治療身心障礙的公費補助），以減輕醫藥費的負擔。換句話說，她們的問題並非尚未接受司法、醫療或社會福利制度與服務，而是「該如何接受協助」，因為單純接受協助是無法解決問題的。以信子為例，弄錯接受協助的順序與時間，反而會浪費救助津貼，導致債務增加，進而引發新的問題。未向福祉事務所報告其從事性工作，也造成她們總是感到惴惴不安，擔心「要是被發現在應召站工作，可能再也領不到低收入戶救濟津貼了」。

除此之外，本次諮詢中完全沒提到低收入戶救濟津貼以外的社會福利。例如，關於住處、求職與訪談援助等等。社會福利因為制度改變，從措施變更為合約制。但是，政府單位並未積極宣傳，許多人根本不知道有這些服務；另一方面，也有不少人因為擔心被貼上殘障的標籤而不想使用。及川表示，「我覺得，社會福利的現狀與課題，導致女性『為了生存而選擇從事性工作』。」

所謂的「協助」，不是「只幫忙申請低收入戶救濟津貼」或「只幫忙申請破產」，而是有效組織司法、醫療與社會福利等各種制度與服務，長期協助當事人直到其改善生活。

浦崎表示，「委託律師處理問題的女性並未告知律師自己從事性工作。但營造當事人能對律師或社工開口，說出自己從事性工作的氣氛其實非常重要，這需要建立出讓當事人得以開口的系統。」

換句話說，律師和社工協助從事性工作的女性時，真正有效的做法不是要求對方「早點辭掉性產業的工作」，而是「制定女性能繼續從事性工作（獲得一定程度的收入與維繫人際關係），在熟悉的休息室裡接受符合現況的法律與社會福利相關建議的制度」。其實，本次諮詢服務中，律師和社工也從未向諮詢者提出過「要不要辭去現在的工作？」的建議。

出乎意料的事實②

諮詢的內容大多與一般法律或生活諮詢相同

在東京都底層的廉價應召站工作的女性，總給人如同煽情報導的印象。例如，悲慘的過去、有一些無人能解決的複雜問題、有嚴重的心理問題等等。其中的確也有部份女性，就像是第三章曾提到的真理子。

然而，本次前來諮詢的女性所提出的煩惱（離婚、債務、家暴、網路上的譭謗、中傷等等），和律師、社工平常接觸的問題相差無幾。德田表示，「比想像中的來得普通多了。」

本次諮詢時間有限，多諮詢幾次或許又會出現不同的問題。如同第一位諮詢人信子的煩惱，乍看之下困難重重、難以協助，但只要仔細拆解後就會發現，這不過是好幾個普通的問題累積、組合起來罷了。

德田也藉由此次的諮詢感受到和其他領域專家合作的重要性。許多案例都是必須實際諮詢後才明白，對方的煩惱究竟是要運用司法的力量解決，還是需要其他援助，或是需要雙方的協助。

其實只要踏出鶯谷一步，她們都是普通的主婦、母親、學生或是上班族。我們自以為，「在應召站工作的女性和我們是不同世界的人，一定抱持著說不出口的深刻煩惱」，其實是媒體造成的偏見。

「煩惱和律師、社工平常接觸的問題相差無幾」，代表這些從事性工作的女性所面臨的問題，大多數只要使用現行的制度就能夠充分解決。既然如此，那就不要猶豫，只要介紹律師和社工造訪應召站的休息室，就能解決問題。

脆弱中的堅強

這些在東京都底層廉價應召站工作的女性，總給人生活捉襟見肘的「社會弱勢」印象。考量到她們所面臨的困難之複雜與沉重，這種說法實在不無道理。

然而，實際前來諮詢的這群女性並未被生活擊倒，反而堅強面對、勇敢生存。諮詢之際，許多人早已準備好調解離婚的文件、債務借條，或是把網路上譭謗、中傷的留言列印好帶來；疑似輕度智能障礙的女性，也把丈夫家暴的細節與自己的現況記錄在筆記本上，然後一字一句地唸給律師和社工聽。

欠下許多家消費者貸款的女性，其本人表示有智能發展遲緩的問題，但面對律師提問與建議卻回答得有條有理，用字遣詞客氣有禮，散發著智慧的光芒。當她諮詢完畢，即將離開休息室之際，彷彿看穿我們的心思。於是微笑著說：「因為這裡是麻煩的恐龍聚集的應召站，你們本來以為我很笨。對吧?嘻嘻嘻！」

及川表示：「無論是否經過醫師診斷，但這裡罹患精神疾病與各類發展遲緩的人比我想像得多，令我大吃一驚！

從她們領取低收入戶救濟津貼或是瞞著家人進入性產業一事，感覺到她們強大的生命力和對生命的執著。我至今面對的殘障人士，不少人因為殘障而痛苦到想自殺或繭居家中、自暴自棄。但這群女性和其他殘障人士又是不同的族群。」

社工界有一個專業術語叫做「優勢觀點」。面對日常生活需要協助的弱勢族群，只要著眼於其弱點，促使對方改善或矯正，並無法減輕或解決問題。優勢觀點，是將視野擴大至當事人的專長、足以有效利用的環境，或人際關係等優勢，藉此解決問題。原本下定決心「進入性產業工作，憑著自己的力量解決社會福利或司法制度不足以涵蓋的問題」的女性，大多獨立自主、充滿毅力，對家人懷抱深厚的愛情與責任感。就如同前文所述，能從事性工作的女性，在當前的時代也是強項之一。

把這群女性視為和我們身處同一個社會，正在和所有人都可能面臨的問題搏鬥的「第一線鄰居」，而非貼上「社會弱勢」，或是「遭受性產業壓榨的犧牲者」的標籤。她們需要的是社工站在平等的立場，促使她們發揮專長，提供能活用其強項的協助。這種做法是否能成功，也仰賴社工本人的能力。

打造性產業為「第一線基地」

如同前文所述，我們在DEADBALL應召站的休息室舉辦了由律師和社工提供的免費諮詢服務，作為社工與性產業合作的範例。針對九位女性，提供一定程度的協助與資訊。雖然一個人的諮詢時間只有短短的三十分鐘，但只要定期舉辦就能將援助深入原本社工難以接觸的案例。

這次得以和社工合作，正是因為DEADBALL應召站是合法的「性產業」。如果DEADBALL應召站是違法的賣春組織，或是斡旋未成年女性進行類似性交服務的「女高中生經濟」，自然就無法合作了，而且，和這種組織合作本身就是一種違法行為。

無論違法的賣春組織或是女高中生經濟的實際情況如何，現實狀況就是只能「貼上壞人的標籤與抨擊」。

然而，屬於性風俗特殊營業的應召站並不違法，也是社工唯一可以合作的性產業。應召站並非社工的「敵人」，而是在同一個戰場上並肩作戰的「戰友」。可惜的是，就連不輕易責備與制裁他人的社工界，也都視應召站為「無可救藥的邪惡」或是「敵人」，只單方面地攻擊、批判與忽視。

現在，我們需要的是站上正確的戰場和真正的敵人戰鬥。換句話說，我們應該做的不是給應召站貼上標籤和抨擊，而是透過與社工合作，把應召站化為「撲滅貧困問題所需要的第一道防線，用於發布與收集資訊的基地」。所以，想要解決性產業的課題與消滅日益嚴重的應召小姐的生活貧困問題，只有這個辦法可行了。

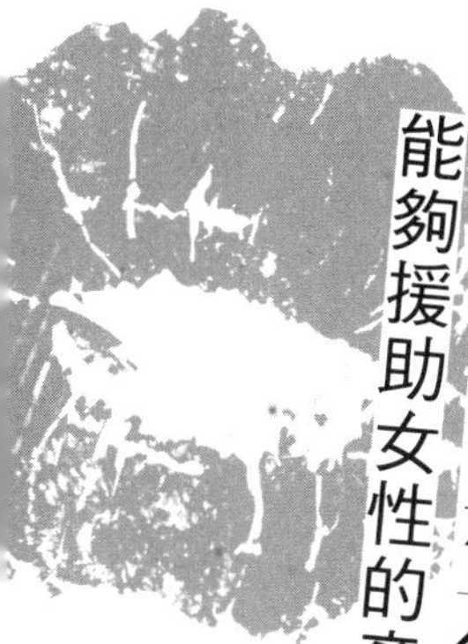

尾聲

性産業存在的意義

能夠援助女性的產業

性產業與社會福利

第一章，介紹男性殘障人士領取低收入戶救濟津貼，同時經營外送型應召站的案例。從他的經驗分享可知，性產業並非單純的平面，而是複雜多樣的立體世界。

第二章，藉由孕婦與哺乳媽媽應召站收集關於孕婦與產婦的資訊，描繪出性產業由於常識與價值觀不同於一般行業，而得以在短時間內賺取超乎一般行業的報酬，促使想要「兼顧工作與生活」的男女紛紛在此聚集。然而，並非所有性工作者都能實現兼顧工作與生活的理想，因此，真正的問題不是「工作」與「被迫工作」是對是錯，而是「無法工作（賺不到錢）的人該怎麼辦？」

第三章，介紹在其他應召站賺不到錢的女性所匯集的廉價應召站，分析在此工作的女性所面臨的殘酷現實。有些人正因為性產業是不合理的世界才得以獲救。「不合理的合理性」是支撐性產業界的棟樑，同時也是妨礙業界健全化與改善工作環境的高牆。

第四章，「肥女、醜八怪、老太婆」齊聚一堂的「恐龍應召站」實況，發現嘗試以性產業的邏輯與常識解決業界內部所發生的問題時，越是關懷女性反而越可能陷入貶低女性、面臨風險的矛盾。

第五章，訪問為了生活窮困的中高齡婦女而設立「媽媽應召站」集團的老闆，了解到社會的援助有其極限，無法單憑性工作者與業界相關人士的努力而輕易跨越。所以，想要解決無法消滅的絕對風險，只能仰賴與外界合作，並活用一般社會的人才、制度、技術與知識。

第六章，藉由在鶯谷 DEADBALL 應召站舉辦的「生活與法律免費諮詢服務」，提出社工與性產業合作的範例。廉價應召站與社工合作，雙方都能互惠互利。如果能提出具體的合作範例，將足以成為性產業的「社會意義」。

總結以上的簡介，可彙整成以下幾點結論：

一、目標是並非否認、默認或公認的「容忍」

距離一九八四年《風俗營業等規範與業務合理化相關法》修法，出現日文名為「風俗」的性產業領域已經過了三十年。這三十年來，所獲得的教訓可統整成以下三點：

第一點，是「無論如何否認，性產業都不會消失」。

否定性產業本身的「性產業否定論者」過去就已經存在，今後也不會消失。儘管如此，性產業本身並不會從社會上消失。

如同前文所述，性產業的功能是非正式的社會共融。行政與社會福利等正式的社會共融，往往因為制度的缺陷與預算問題而無法涵蓋所有人，性產業收容了遭到正式制度排除的人們。雖然共融與壓榨的風險只有毫釐之差，還是不可否認，有些人只能透過性工作獲得拯救。由此可知，否定性產業是毫無意義的。

第二點，是「掩蓋與默認性產業十分危險」。

性產業如同社會的影子，無法否認其存在，也無法徹底撲滅。因此，警方等行政單位採取「與一般社會隔離，掩蓋其存在與默認」的態度。

具體而言，這些性產業的店家集中於鬧區的一角，配合當時的社會規範，它們的舉止不會過份搶眼，只要低調從事違法行為，就能獲得政府機關的默認。九〇年代末期之後，應召站從有店面轉換成沒店面，這也是性產業從檯面上消失的象徵。

然而，掩蓋與默認性產業，同時也代表無視與默認發生於性產業內部的問題。

性工作者遇到偷拍、性暴力與跟蹤狂等問題之際，警方往往不願意出動。不戴套性交成為常態，數十萬名男女暴露在可能罹患愛滋病或B型肝炎等風險中，衛生所卻不為所動。在此情況下，與其說性產業對社會有害，不如說是政府單位隔離、掩蓋與默認性產業的態度，才是對社會有害。

第三點，是「社會與法律不能因此公認性產業」。

性風俗關聯特殊營業所規範的性產業，是以娛樂目的提供類似性交行為的服務，在法律上屬於「可能妨礙青少年健全發展，社會規範無法認同」的行業，因此，無法保護或推薦，只能規範與監視。

這三項事實（否認無效、默認有害、無法公認），無庸置疑，是過去與今後都不會改變的前提條件。性產業無法清除所有業界黑色的部份（健全化），也不可能透過淨化作戰漂白（撲滅）。

既然如此，性產業的理想狀態應該是中風險、中報酬的「舒適灰色地帶」，即走進這個世界的男女都不需背負過剩的風險與不必要的汙名，可以自由進出業界，各自滿足需求。

因此，對於性產業的態度必須改成「容忍」——不否定、不禁止、不排除、不默認，接納其存在並嘗試摸索連結社福與社會的方式。性產業需要的不是健全化或是淨化，而是「社會化」。這是減少性產業相關人士不幸的唯一方法，以及我們所處的社會唯一應做的選擇。

二、培育連結性產業與一般社會的「性產業社工」

如同前文所示，性產業以激進的方式及時反應當前社會的問題。孕婦、產婦、單親媽媽、殘障人士和中高齡婦女等社會弱勢族群，越是聚集於性產業，社會問題所帶來的不幸與悲劇，越是在她們毫無防備的身體與人生中留下痕跡。

想要解決性產業的課題，不僅需要把該產業的言語與需求，轉換成一般社會大眾也能了解的形式，予以傳播。也必須把一般社會的福利制度、援助技巧、知識加工與傳遞給性產業相關人士。換句話說，性產業需要的是「性產業的社工」。

可惜的是，現在稱得上是「性產業的社工」的非營利組織與團體，用一隻手就能數完。根據警察白皮書表示，二〇一三年，日本申報為性風俗關聯特殊營業的商家，單是外送型應召站就有一萬八千八百一十四家。從事性工作的女性人數據說多達數十萬人。相較之下，「性產業的社工」的人數嚴重不足。

WHITE HANDS 定期舉辦，以促進性產業與社工合作為主題的「性產業社會福利基礎研習」。研習課程除了以講課方式教導性產業相關的法律與自古至今的歷史之外，也採用社工與性產業實際發生的案例作為小組討論的主題。

今後WHITE HANDS的目標是，成為培育「性產業的社工」的機構。整理與分析第六章的社工和性產業合作所獲得的案例與資訊，用以提升課程或工作坊的品質。

社工踏入性產業的世界，想要提供合適的援助，必須學習所需的知識與技巧。從事性工作的女性、其他性產業員工與老闆，也需要學習社會福利相關知識、了解社工的工作。我希望，把WHITE HANDS打造成「結合性產業與社會福利的機構」。

三、性產業不能成為單獨的社會安全網

我在此要再次提醒大家，性產業不能成為貧困階層唯一的社會安全網。然而，觀察低收入戶救濟津貼等社會福利制度的現況就能發現，中央或地方政府的公家援助有其極限。

撫養子女的單親媽媽希望能增加兒童津貼等補助金和獎學金。日本的單親媽媽中有工作者佔八成，貧困比例卻超過五成。她們的問題不在於無法工作，而是努力工作也無法擺脫窮困的生活。

儘管如此，目前針對貧困女性的援助制度，主要都是協助經濟獨立與社會自立，而非給付現金。對於這些身兼二職、三職，忙到沒空陪小孩，卻還是無法擺脫貧困生活的單親媽媽提供「進一步的就業輔導」，聽起來根本是低級的黑色幽默。

在這種情況下，每天薪水付現的性工作，對於不少單親媽媽的功能是「領取現金」。這些單親家庭因為窮困而情況危急，關於住處與托兒所需要的是，現在馬上就能靠電話、電子郵件或是LINE聯絡到的「即時援助」，而非得事前預約、審查和辦理複雜手續的「需要等待才能得到的援助」。至於能夠提供「帶著孩子還能馬上入住的公寓套房式宿舍」的工作，現在就只有性產業了；反之，性產業能夠提供的「只有」即時援助。但過度滿足對方眼前的需求，有時反而會破壞未來安定生活的基礎。

性產業有一句話叫做「一個月的考驗」。在酒店或是應召站工作的女性習慣了每天領取現金的日子，於是改行做領取月薪的一般工作時，至少得撐過一個月沒有收入的日子，而沒有存款或是改不了浪費習慣的人，就無法突破「一個月的考驗」，因此，「重操舊業」的女性不在少數。「只有」即時援助無法成為社會安全網。及時與需要等待的援助相互合作，才能幫助這些女性站起來。

性產業絕對不可能成為唯一的社會安全網，但是可能成為建構社會安全網其中一條「命脈」。性產業成為社會「容忍」的行業，只有透過「性產業的社工」的仲介結合社會福利，搭配司法與醫療等其他「命脈」，才能構成沒有漏洞的安全網。

性產業的基因中刻劃了把社會的排外逆轉為社會資源的力量，隱含著足以進化為「撲滅貧困問題所需要的第一道防線，用於發布與收集資訊的基地」的潛力。這股力量和潛力，必須結合社福與社會才能發揮作用。

社會福利負責的是一般大眾的社會共融，性產業負責的是性工作者的社會共融。兩者是共融之母的雙胞胎子女，其共同的敵人是「排除於社會之外」。

我期望本書能成為性產業與社福，甚至是連結社會的橋樑，並以以下兩句話為本書作結。

帶給性產業與社會連結的勇氣。

帶給社會福利與性產業一起奮鬥的勇氣。

這對雙胞胎要挑戰與排除於社會之外永無止盡的戰鬥。性產業的女武神，請賜給他們勇氣吧！

後記

認為性產業不能作為最後的社會安全網，是否也是一種對於性產業的歧視呢？

二〇一五年十一月一日，東京澀谷舉辦了二〇一五年性工作高峰會——「女性的貧困與性產業——性產業是『最後一道社會安全網』嗎？」當天的來賓是鈴木晶子與DEADBALL應召站的總監。前者是援助貧困青年的專家，後者是提供貧困女性工作的廉價應召站老闆。雙方的對談引發社福業界一陣騷動，吸引了一百多名聽眾與多家媒體前來採訪。會場人滿為患，人多到甚至得站著聽。

高峰會第一階段的主題是「女性的貧困問題為何難以發現」。由鈴木晶子介紹，協助案主時看到的現況與隱含於女性貧困背後的「世襲貧窮」。

身心障礙、罹患疾病，或是因為育兒與照護等原因，而工作時間受限的女性，幾乎只能應徵提供最低時薪的工作。在這種職場長時間勞動，月薪最多不過是日幣十到十一萬元。再怎麼努力，生活還是一樣的辛苦。援助這些各有不同困擾的人，最重要的是在各地尋找願意接納她們的職場。社工每天都深深感覺到自己的力量有限。

不少精神疾病患者無法每天早上在固定的時間起床和通勤，並且在規定的工作時間內工作。即使好不容易找到工作，也會因為健康狀況而馬上辭職。她們找工作之前，必須先準備得以安心工作的環境，和提升健康狀態到足以持續工作。

生活窮困的人不僅是收入低，往往也伴隨著精神疾病、各類發展遲緩、罕見疾病、虐待、家人患病並需要照護等多種問題，援助困難。而行政單位的窗口承辦人員往往是縱向組織，缺乏橫向連結，對於複雜的問題無法以個案方式對應，導致這群人因為政府制度的缺陷無法獲得應有的社會福利，讓原本就難以為人所知的窮困情況變得更加隱晦、嚴重。由於他們的貧困狀態難以為人所看見，於是又世襲到下一個世代。

「光咖啡廳」與「風照諮詢」

鈴木擔任理事的非營利組織「法人PANORAMA」經營的高中咖啡廳「光咖啡廳」，可說是嘗試解決世襲貧窮的方法之一。「光咖啡廳」設立於高中的圖書館，提供交流諮詢，預先援助可能輟學，或尚未決定出路就畢業的高風險學生。

輟學或是尚未決定出路就高中畢業的年輕人，難以從事正職工作，多數人會因此陷入貧困的生活。如果高中就輟學，這些年輕人就斷絕了與社會的連結，難以獲得生活或是求職者所需要的援助。

家境貧困的年輕人也常早婚，或是年紀輕輕就成為父母，有的人甚至還在唸書時就懷孕和生下孩子。這種家庭的孩子和父母一樣，會在窮困的環境成長，並進入貧困的輪迴。

由此可知，高中是預防世襲貧窮的「最後一道防線」。如何防止年輕人在高中階段輟學，打造平臺，促使他們能獲得當地所提供的援助就是援助的關鍵。

然而，家境貧困的高中生不會主動造訪公家機關諮詢，因此，鈴木等人就採用「外展」的方式主動出擊，把圖書館打造成可以諮詢的咖啡廳，在學校中與學生自然交流，並針對學生需求介紹當地公家或民間資源，給予其社福援助或是協助其求職。

第二階段，則是由 DEADBALL 應召站的總監，以「恐龍應召站呈現的女性貧困問題」為題演講。演講時，他報告了第六章介紹的休息室免費諮詢服務，在律師與社工的協助下，今後也將持續舉辦。這項專案的名稱為「風照諮詢」，蘊含著由司法與社會福利之光照亮黑暗的性產業之意。

如果「光咖啡廳」是一般社會的「最後一道防線」，「風照諮詢」就是性產業的「最後一道防線」。雖然兩者一個是在高中的圖書館，一個是在廉價應召站的休息室裡，目標卻都是——「切斷世襲貧窮」。

需要的是「持續迷惘與思考」

關於鈴木與DEADBALL應召站總監的演講，以及兩人對談所討論的內容，有收到許多聽眾的感想。以下節錄部份內容：

二十多歲的女大學生：

「關於社會福利機構和性產業攜手合作的對談非常少見，兩者經常被視為不同的領域。今天一整天藉由高峰會體會到，貧困問題無法單純以『貧困』一詞輕易帶過，而是複雜多樣的困境。其中女性的貧困往往又與性產業無法切割。今天還發現，原來性產業也有很多種，部份性工作者取得社工或是律師的協助。

聽了關於光咖啡廳、風照諮詢的說明，與DEADBALL應召站總監的演講，我開始思考，該如何建立當事人可以自由訴說的環境。說、不說：工作、不工作，都由女性自行決定。她們需要的是不受強迫、保有選擇『自由』的環境。雖然我還不知道該怎麼處理社會大眾對於性產業的偏見，或是如何以平常心看待這個產業，不過我想繼續思考這個問題。」

四十多歲的應召站老闆：

「我目前經營應召站，旗下小姐以四十歲以上的女性為主。我深深感覺到，藉由社會福利與性產業，協助高齡女性擺脫貧困生活的可能性非常低，但是希望至少能幫助她們往前邁進一步（雖然近乎是人生最後一段了）。

至於接受援助的年輕女性，今後的人生道路還很長。我打從心底希望她們能自立自強。負責援助的人士介紹各種社會福利、協助她們重建生活，以及自立後的關懷，真的非常辛苦。如果社會福利包括持續聯絡的『事後關懷』，也許她們到了四、五十歲也不用來應召站工作，而是過著一般婦女去打工的生活。」

四十多歲的女性律師：

「認為性產業不能作為最後的社會安全網，也是一種對於性產業的歧視吧？可以自行選擇從事性工作，且離開的女性有能力從事其他行業。今後我想思考，對於沒有能力離開的女性能提供哪些協助。」

其他聲音還包括「相關人士不是基於單純的正義感，一邊煩惱該如何看待性產業，一邊提供援助的身影，看了讓人感到欣慰」、「性產業成為社會福利的一環，這種情況真的沒有問題嗎？我心裡還是有疙瘩」、「性產業不是社會福利，我覺得不應該期待性產業發揮社會福利的功能」、「儘管部份女性的確無法從事性工作以外的工作，行政單位或是民間組織，還是必須儘速提供支援」等等。許多聽眾雖然在會後感到矛盾糾葛，還是透過參與高峰會而發現不少課題。

強迫對方接受自己的價值觀，或是以「壓榨／被壓榨」、「被害人／加害人」等簡單易懂的對立方式分析性產業，是無法理解與解決這個多面向世界中所發生的問題。最重要的是，先接納這個業界的複雜與矛盾，抱持心懷迷惘也要持續實踐的態度。之前的情況反而是「迷惘」不夠，但是，解決問題需要的還是「迷惘的正確」。性產業和社會福利才要開始攜手合作，但還有許多課題需要解決。透過與社會福利合作所獲得的益處，應該不是僅止於性工作者的員工福利與維護權利。

以往的性產業一直以來都是無言的「客體」，由外界的非當事人單方面論述，並裁定為壓榨與歧視女性的「惡人」。然而，透過與社會福利攜手合作，未來或許能緩緩進化為用自己的語言主張自己的「正義」，也就是社會意義的「主體」。

高峰會結束後，我坐上最後一班的上越新幹線回家。當我朦朦朧朧思考何謂「性產業的正義」時，不禁回想起十二年前大學時代的研究指導會。

研究指導會上的浴血奮戰

二〇〇三年，我在研究指導會的期中發表提出關於性產業的研究，指導教授上野千鶴子教授對我說：「寫成報導文學就可以了吧？」我在心裡吶喊：「我不想寫成報導文學！」

現在回想起來，當年的執著不過是年輕人的妄想。我十分厭惡當時以體驗或是潛入業界採訪「另一個世界」的方式來描述與消費性產業的情況，打算把性產業視為「這個世界」，也就是反映現代社會的鏡子，並從社會學的角度分析業界發生的情況，進一步發展出足以說明業界所有現象的紮根理論。我強烈渴望朝這個方向前進。

上野教授的評語：「寫成報導文學就可以了吧？」從積極的角度可以解釋為「依照現場的參與觀察，寫成報導文學就已經是非常有趣的研究了」，但是，從消極的角度也可以解讀成，教授宣判「反正你現在也寫不出報導文學之外的文章，就乖乖地寫報導文學吧！」我想正確答案應該是後者。

結果，我勉強擴大解釋調查得來的有限資訊，硬是提出當時流行的齋藤環（譯註：日本的知名精神科醫師，著作等身）和宮臺真司（譯註：日本的社會學家，關於援助交際與奧姆眞理教的發言，受到媒體矚目），加起來除以二又乘以傅柯（Michel Foucault）的陳腐結論，並加以理論化。結果在研究指導會的合宿發表大會時，遭受到優秀的研究所學長姐和上野老師攻擊得體無完膚，淪為悲劇的主角。儘管如此，碩士班、博士班的學長姐與教授，面對幼稚的大學學弟可愛的失敗，竟然聯手強烈炮轟，實在是沒血沒淚的研究指導會。

然而，我一點也沒有因此學到教訓，心想：就算無法建構紮根理論，至少收集的資料要和以往只是列舉案例的報導文學，和聚焦於性工作者的俗氣先行研究有所區隔，而提出以社會學的觀點分析性產業的論文。

十二年之後，我終於完成這本書，內心無限感慨。如果世上有時光穿梭機，我真想回到那天的研究指導會上，然後得意洋洋地用這本書取代拙劣的論文，讓研究所的學長姐和教授對我刮目相看。

面對黑箱的準備

性產業的範圍實在過於廣泛，本書所介紹的不過是這個業界的一部份。同樣都是性產業，有些是與貧困毫無關聯，和平絢爛的「彩色」世界；有些是不用擔心長相曝光和感染性病，在聊天室裡工作的「透明」世界。不見得所有性工作者都像本書所介紹的一樣，處於冰冷、「灰暗」的世界。

同一種行業的情況也可能因為所在地不同而有所改變，甚至同一家店的客群，也可能因為時段和當時待命的性工作者而迴然不同。性產業的多樣化就如同馬賽克，令人頭暈目眩。

我從大學時代開始研究性產業，也舉辦全日本唯一討論性產業社會化的活動「性工作高峰會」，同時負責編輯討論性工作的專業雜誌《SEX WORK JOURNAL JAPAN》，和彙整經營應召站所需的法律與歷史知識的《應召站六法全書》。每天接觸業界人士，以及執筆書寫性產業入門知識書籍。儘管如此，我還是覺得自己最多只了解這個業界的兩成左右，剩下來的八成依舊處於黑箱中，看不清輪廓。

然而，我相信業界所發生的問題中有八成是來自兩成的世界，如果徹底掌握好這兩成，就能針對八成的問題提出適當的處方箋。本書的目標是徹底涵蓋這兩成。對於今後想與性產業建立關係的學生、社工、非營利組織等人士，希望本書能成為你們照亮未知世界的一盞明燈。

我想在此向協助採訪與寫作的各界人士致上由衷的謝意。例如，儘管採訪非常失禮，卻還是提供協助的A先生、孕婦與哺乳媽媽應召站的店長、性產業創業人士大崎柳也先生、DEADBALL應召站的總監與相關人士、kaku-butsu的金丸伸吾先生、媽媽應召站的後藤先生、鈴木晶子女士、律師浦崎寬泰先生與德田鈴亞女士、社工及川博文先生、擔任性工作高峰會來賓的寺谷公一先生、開沼博先生、角間惇一郎先生和實習生高田昂先生。藤見里紗女士和貝瀨千里女士，不但百忙之中撥冗校樣，還惠賜評語，帶給我勇氣。作品《賣肉的灰姑娘》堪稱性產業漫畫傑作的漫畫家NON老師，也為本書繪製美麗的書腰。高峰會檯面下的主角——知名主持人赤谷麻里惠，也在會場上以一擋百。

本書和前一本著作《男子的貞操》一樣，承蒙筑摩書房的橋本陽介先生多方協助。才剛結婚，卻在假日陪著我去恐龍應召站的休息室與熟女應召站的事務所等地採訪。對此我實在是萬分感激。

最後，讓我出一個謎題：本書從未提到以往性產業相關書籍，幾乎一定會用到的「某個詞」。大家知道是哪一個詞嗎？又知道為什麼我刻意不使用那個詞嗎？

相信熟讀本書至此的讀者馬上就能明白。至於還不知道正確答案的讀者，表示讀得還不夠熟。麻煩再從〈前言〉開始複習哦！知道正確答案的讀者，請攜帶本書參加下一次的性工作高峰會，親口告訴我正確答案吧！我會給答對的人親筆簽名。期待下次能在會場上見到各位。

二〇一五年十一月二日　深秋的新潟市　坂爪真吾

Speculari 40

裏面日本 風俗業界現場——
對走投無路的最貧困女子來說，風俗業界為什麼會是最後救贖？又或是，註定沉淪的地獄？
性風俗のいびつな現場

作者　坂爪真吾
譯者　陳令嫻
企畫選書　陳子逸
責任編輯　梁育慈
特約編輯　黃惠娟
裝幀設計　製形所
內頁排版　林采瑤（美果視覺設計）

總編輯　張維君
行銷企劃　康耿銘

社長　郭重興
發行人暨出版總監　曾大福
出版　光現出版／遠足文化事業股份有限公司
網站　http://bookrep.com.tw
信箱　service@bookrep.com.tw
發行　遠足文化事業股份有限公司

地址　231 新北市新店區民權路 108-2 號 9 樓
電話　(02) 2218-1417
傳真　(02) 2218-8057
客服專線　0800-221-029
法律顧問　華洋國際專利商標事務所／蘇文生律師
印刷　成陽印刷股份有限公司
初版　2019 年 09 月 25 日
定價　350 元
ISBN　978-986-98058-1-0